Meyer

Ganzheitliche Ernährung bei Rheuma, Arthrose, Gicht

Wenn Kochleidenschaft auf fundierte Ausbildungen in den Bereichen 5-Elemente-Ernährung nach chinesischer Medizin und Makrobiotik trifft, dann kann nur eine spannende und heilende Ernährungsweise herauskommen. **Anke Mouni Meyer**, Fachfrau für Bio-Gourmet-Ernährung und freiberufliche Köchin, nahm vor vielen Jahren ihre eigene Rheuma-Erkrankung zum Anlass, die Heilwirkungen einer ganzheitlichen Ernährung zu studieren und in eine köstliche Ernährungsform umzusetzen – mit durchschlagendem Erfolg für ihre eigene Gesundheit. Ihre langjährigen Erfahrungen gibt sie in Ernährungs- und Kochseminaren in ihrer Firma Eat and Move in Hamburg weiter.

Anke Mouni Meyer

Ganzheitliche Ernährung bei Rheuma, Arthrose, Gicht

Meine himmlischen Rezepte gegen höllische Schmerzen

Exkurse

Willkommen in meinem Buch!

Gehörst du zu den Menschen, die ihre Träume noch nicht aufgegeben haben, obwohl Schmerzen und Unbeweglichkeit dich im Moment noch davon abhalten, sie zu verwirklichen? Kannst du dir vorstellen, etwas Zeit und auch Geduld in dich selbst zu investieren? Liebevoll für dich zu sorgen, damit es dir wieder bessergeht und deine Träume doch noch wahr werden? Dann heiße ich dich herzlich willkommen!

In diesem Buch möchte ich dir einen ganz praktischen Weg aufzeigen, wie du mit passenden Nahrungsmitteln sowie der richtigen Zusammenstellung und Zubereitung von Speisen deinen Körper so entlastest und nährst, dass er weniger bis gar keine Entzündungen mehr produziert. Ziel ist es, Beschwerden von chronischen Gelenkerkrankungen zu lindern – so wie es mir gelungen ist – oder sie sogar ganz loszuwerden.

Das, was wir täglich essen, hat ein enormes Potential und unser Körper hat eine unglaubliche Fähigkeit zur Regeneration. Indem du für dich kochst und darauf achtest, was du isst, hast du die Möglichkeit, diese Regenerationsfähigkeit für dich zu nutzen. Und wenn du darüber hinaus noch achtsam mit dir umgehst, deine Wünsche und Bedürfnisse erkennst und respektierst und liebevoll für dich sorgst, hast du schon viel gewonnen.

Viele der Rezepte in diesem Buch sind von der makrobiotischen Heilküche inspiriert, die ich als enorm wirkungsvoll erfahren habe. Ein Großteil meiner heilsamen Gedanken kommt aus der Traditionellen Chinesischen Medizin, die ich vor allem wegen ihrer verständlichen Erklärungen schätze und die ich dir hier näherbringen möchte. Doch auch in der westlichen Medizin gibt es mittlerweile gute Ansätze und hilfreiche Therapien, die ein Leben mit schmerzenden Gelenkerkrankungen erträglich bis gut werden lassen. Und auch die moderne westliche Ernährungswissenschaft gibt gute Hinweise, die wir uns unbedingt zu Nutze machen sollten.

Mit diesem Buch möchte ich dir zurufen: Fang an! Auch wenn es nur ein klitzekleiner Schritt ist, mit dem du beginnst. Viel Freude beim Kochen und Experimentieren. Genieße meine himmlischen Rezepte, damit deine höllischen Schmerzen endlich der Vergangenheit angehören!

Deine Anke Mouni Meyer

Höllische Schmerzen und was dagegen hilft

Kennst du das auch? Schmerzen, die dir das ganze Leben vermiesen und jede Energie rauben? Wenn du darauf achtest, was du wann isst, kannst du deine Lebensqualität erheblich verbessern. Nur Mut, es klappt wirklich!

Meine Geschichte

Die Diagnose »rheumatoide Arthritis« war für mich ein Schock. Erst als ich lernte, auf meinen Körper zu achten, und meine Ernährung grundlegend umstellte, wurde ich immer länger schmerzfrei. Heute kann ich mein Leben wieder genießen.

Vielleicht interessiert es dich, was ich erlebt habe. Vielleicht entdeckst du in meiner Geschichte etwas, was du kennst, und du merkst, dass du nicht alleine bist mit dem, was du erlebst. Aber wenn du lieber gleich kochen möchtest, lass dich nicht davon abhalten! Du kannst auch sofort loslegen mit meinen himmlischen Rezepten gegen deine höllischen Schmerzen, gehe dafür direkt auf Seite 58.

Als ich 24 Jahre alt war, ging ich zum Arzt, weil ich humpelte und mir die Achillesferse wehtat. Eine Blutuntersuchung machte sofort klar, dass es sich um eine beginnende rheumatoide Arthritis handelte. Was diese Diagnose bedeutete, war mir damals allerdings überhaupt nicht klar. Nur am Verhalten meines Rheumatologen und an der Frage, ob es denn noch gehe, bekam ich eine kurze Ahnung davon, wo ich mit dieser Krankheit enden könnte. Das beunruhigte mich sehr.

Die Frage, die mich ab dem Zeitpunkt umtrieb, war: Wie konnte es zu einer rheumatoiden Arthritis kommen? Und: Kann ich das irgendwie wieder rückgängig machen und zu meinem früheren Leben zurückkehren? Dass es nicht einfach rückgängig zu machen ist, war mir schnell klar. Aber es sollte noch einige Zeit dauern, bis ich so etwas wie eine Lösung fand.

Doch zurück zur ersten Frage: Was konnte zu einer so heftigen Diagnose führen? Damals war ich schon lange Vegetarierin und ging davon aus, dass eine vegetarische Ernährung unglaublich gesund sei. Auch mein Hausarzt war über die Diagnose verwundert, denn auch er war der Ansicht, dass mich meine vegetarische Ernährung vor einer rheumatischen Erkrankung hätte schützen müssen. Die Diagnose besagte aber leider das Gegenteil und ich musste mich damit auseinandersetzen.

Wie lebte ich damals und was habe ich gegessen?

Da ich aus ethischen Gründen kein Fleisch mehr essen wollte, ersetzte ich Fleisch durch Milchprodukte. Das fiel mir nicht schwer, da ich Käse, Quark und Joghurt sehr gerne aß. Dazu kamen große Mengen Süßigkeiten, schwarzer Tee und Kaffee, regelmäßige Sektgelage mit Freundinnen und etwa

15–20 Zigaretten am Tag. Ich habe mich genauso ungesund ernährt, wie sich die meisten Menschen um mich herum ernährten – nur ohne Fleisch und Wurst.

Doch fühlte ich damals schon, dass meine Ernährungsgewohnheiten für meinen Körper ziemlich belastend waren. Gern wollte ich etwas ändern, wusste aber nicht, wie. Allein mit dem Rauchen aufzuhören, war richtig schwer für mich. Zu der Zeit lebte ich in einer Kommune mit vielen interessanten Menschen und natürlich fanden die spannendsten und witzigsten Gespräche in der Raucherecke statt.

Leider ging es mir nach drei schlimmen Jahren mit der Diagnose immer schlechter. Mir war klar, dass ich, wenn ich so weitermachte wie bisher, wenig Chancen auf ein normales und glückliches Leben hätte. Durch Freunde bin ich zum Glück auf die makrobiotische Ernährung gestoßen. Intuitiv wusste ich, dass darin die Lösung für meine Probleme lag. Ich war bereit, alles zu versuchen, weil der Leidensdruck so hoch und der Wunsch nach einem guten Leben riesengroß war.

Wie können rheumatische Erkrankungen entstehen?

Diese Frage trug ich lange mit mir herum. Sicherlich gibt es die unterschiedlichsten Gründe und ich denke, dass rheumatische Erkrankungen erst möglich werden, wenn wir über einen langen Zeitraum ein Leben führen, das gänzlich gegen die wirklichen Bedürfnisse unseres Körpers geht. Zu viel Zucker, Kaffee, Zigaretten, Milchprodukte, Weißmehl, Schokolade, Fertigprodukte, einseitige und unregelmäßige Mahlzeiten, zu wenig Schlaf, dazu noch seelische Belastungen wie Beziehungsprobleme, Stress und Überforderung, ungelöste Konflikte. Aber auch traumatische Erlebnisse, Umweltgifte, genetische Veranlagung, Kälte, feuchte Umgebung,

hormonelle Veränderungen und eine zarte Konstitution können zu rheumatischen Erkrankungen führen. Die Liste ist lang.

Entdeckst du etwas, das auf dich zu trifft? Auf mich traf einiges aus dieser Liste zu. Dazu kommt noch, dass ich einen eher zart gebauten Körper habe, der jeden Tag gute Pflege braucht, wie z.B. genügend Schlaf, einen regelmäßigen Tagesablauf und gutes Essen. Dass das nicht immer zu bewerkstelligen ist, ist klar. Aber es gut, es zu wissen und – falls du ähnliche Befindlichkeiten hast – bewusst damit umzugehen. Ich versuche, immer wieder zu einem moderaten Lebensstil zurückzufinden, auch wenn es mal turbulent und stressig zugeht.

Eine Ernährungsumstellung kann helfen

Als ich nach drei Jahren Krankheit auf ernährungsfachkundige Therapeuten und Therapeutinnen traf, die mir konkrete Anleitungen für mein tägliches Essen geben konnten, war ich sehr erleichtert und habe gleich losgelegt. Für eine Weile habe ich mich nur um mich gekümmert: gekocht und gegessen, gekocht und gegessen. Begleitend dazu bekam ich Akupunktur und Kräuterbehandlungen. Eine intensive psychotherapeutische Begleitung half mir, meine seelischen Konflikte zu entwirren und mit meinen Schmerzen besser klarzukommen.

Nach einer anfänglichen Verschlimmerung, die einer Heilfastenreaktion gleichkam, ging es mir langsam wieder besser. Wie du vielleicht vermutest, ging das alles nicht so schnell, wie ich es mir gewünscht hätte, aber irgendwann wurden die Phasen der Schmerzfreiheit immer länger. Mittlerweile bin ich wieder beweglich, gehe tanzen, schlafe sehr gut und fühle mich von den Belastungen der rheumatoiden Arthritis befreit. Einige körperliche Einschränkungen sind geblieben, aber mit denen kann ich gut leben.

Ich denke, es ist letztendlich die Summe all dessen, was wir machen, die dazu führen kann, dass wir krank werden oder auch gesund bleiben. Wir werden ganz sicher nicht krank, wenn wir einmal etwas Falsches essen oder wenn wir über einen gewissen Zeitraum Stress oder seelische Belastungen erleben. Eine schmerzende Gelenkerkrankung kommt nicht über Nacht, sondern sie entwickelt sich über einen längeren Zeitraum.

Woher könnten deine Schmerzen kommen? Kommt dir etwas in meiner Liste bekannt vor? Oder hast du ganz andere Ideen, womit die Krankheit bei dir zusammenhängen könnte? Vielleicht schreibst du dir das einmal auf, um es dir bewusst zu machen.

Achte auf deinen Körper und sei neugierig!

Die meisten Menschen – und zu denen gehöre auch ich – reagieren auf Ernährungsempfehlungen erst einmal offen. Aber wenn sie sie nicht einhalten können, kommen Schuldgefühle und Versagensängste auf. Besonders Verbote machen eine Ernährungsumstellung manchmal sehr schwierig.

Besser ist es, wenn du genau darauf achtest, wie du dich nach dem Genuss einer bestimmten Speise fühlst. Manchmal hast du vielleicht das Gefühl, ein Nahrungsmittel tut dir nicht gut. Dann schau genau hin, was es mit dir macht: Wie fühlst du dich, nachdem du es gegessen oder getrunken hast? Wirst du müde und unkonzentriert? Möchtest du auf der Stelle einschlafen? Hast du direkt danach Schmerzen? Tut dein Bauch weh? Hast du Durchfall? Schwellen deine Gelenke an?

Dann horche in dich hinein und frage dich: Wie könnte es sich anfühlen, wenn ich das jetzt nicht esse oder trinke? Oder: Wie würde es sich anfühlen, wenn ich die Schokolade jetzt doch esse? Wie lange danach fühlt es sich gut an? Muss ich sie jetzt wirklich essen? Diese Überlegungen können damit enden, dass du eine gewisse Distanz zu deinem Verlangen bekommst und entscheiden kannst, ob du etwas jetzt isst oder nicht.

Nichts schmeckt so gut, wie schmerzfrei zu sein

Häufig ist es so, dass wir nicht verzichten wollen, weil wir glauben, es nimmt uns die Lebensqualität. Ich höre es so oft in meinen Seminaren. Und ich kann es gut verstehen. Auch ich liebe guten Rotwein, ab und zu mal einen Espresso, einen tollen Käse und noch mehr liebe ich alles, was süß ist: cremige Kuchen, Schokolade usw. Ich esse sowieso sehr gern.

Doch wenn wir unter Gelenkbeschwerden leiden, kann der Genuss schnell ins Gegenteil umschlagen, uns Schmerzen und Schwellungen bescheren, wir können nicht mehr gut laufen oder unsere Beweglichkeit ist auf andere Weise eingeschränkt. Wo bleibt da die Lebensqualität? Ich finde solche Beschwerden äußerst unangenehm, sodass es mir nicht so sehr schwerfällt, bestimmte Lebens- und Genussmittel wegzulassen oder zu reduzieren und mehr von dem zu essen, was mir vielleicht auf Dauer mehr Bewegungs- und Schmerzfreiheit beschert.

Überlege für dich: Ist es wirklich so schwer, einen neuen Weg einzuschlagen, der dir dabei hilft, wieder mehr Freiheit zu gewinnen und damit das Leben wieder mehr genießen zu können? Was wäre, wenn du neue Köstlichkeiten entdecktest und es damit wieder genießen könntest, deinen Körper auf angenehme Weise zu fühlen? Ich möchte dich ermutigen, dein tägliches Essen genau anzuschauen: Tut es dir wirklich gut? Oder isst du es nur aus Gewohnheit? Weil es so gut schmeckt? Vielleicht wäre es besser, bestimmte Lebensmittel für eine Weile ganz wegzulassen, bis du selbst merkst, was dir guttut und was nicht.

Oder vielleicht bist du ein Mensch, der lieber einen radikalen Schnitt macht, den Küchenschrank ausmistet und alles rauswirft, was nicht ins Konzept passt? Auch das ist eine hervorragende Art, damit umzugehen. Genauso habe ich es damals gemacht. Trotzdem habe ich mit meinen Dämonen gekämpft, die mir zuflüsterten, doch ein kleines Stückchen Milchschokolade oder das leckere Käsebrot auf der Stelle zu essen.

Ich wünsche dir von ganzem Herzen, dass dich mein Buch so motiviert, dass du wagemutig ins Abenteuer springst und neugierig neue Rezepte und unbekannte Lebensmittel ausprobierst. Deine Gelenke werden es dir danken!

Finde den Rhythmus deines Lebens

Wenn du dich noch nie mit der Lehre der Traditionellen Chinesischen Medizin beschäftigt hast, wirst du hier viel Neues und auch Ungewöhnliches erfahren. Lasse dich einfach auf dieses Abenteuer ein.

Die Organuhr und Yin und Yang sind Gedanken aus der fernöstlichen Medizin. Das Besondere daran aus westlicher Sicht ist, dass der ganze Mensch gesehen wird. Während wir im Westen oft nur einen Teil des Baumes sehen, wird dort der ganze Baum betrachtet und zusätzlich noch die einzelnen Bäume in ihrem Zusammenhang gesehen. Hinzu kommt die Betrachtung des Sonneneinfalls, der Niederschläge, der Bodenbeschaffenheit, der Temperatur, wie viel Schatten es gibt und ob der Baum auf einem Hügel steht oder im Tal.

Das bedeutet, um es auf den Menschen zu beziehen, dass der ganze Mensch betrachtet wird. Wie schaut er aus, wie bewegt er sich, wie spricht er? Ist er gestresst, entspannt oder müde? Was arbeitet dieser Mensch, wie sind die Beziehungen zu anderen Menschen, was trinkt und isst er? Wie fühlt sich der Puls an und wie sieht die Zunge aus? Durch Beobachtung und Befragung wird geschaut, wo dieser Mensch Kräftigung braucht und wo etwas abgemildert werden muss. Behandelt wird mit Akupunktur, Kräutertherapie und Massagen. Hinzu kommen Empfehlungen für die Lebensführung.

Das Zusammenfließen der westlichen und der fernöstlichen Medizin ergibt einen unglaublichen Schatz. Wir können beides für uns nutzen.

Die Organuhr

Die Traditionelle Chinesische Medizin, kurz TCM, lehrt, dass unsere Organe zu bestimmten Zeiten aktiv und zu anderen Zeiten in Ruhe sind. Alle zwei Stunden wird ein anderes Organ mit Energie durchflutet und so optimal versorgt. 12 Stunden später hat das jeweilige Organ seinen energetischen Tiefpunkt. Ich finde die Lehre von der Organuhr äußerst hilfreich, um den Tag ein bisschen danach zu gestalten. Sich dem Rhythmus der Organe anzupassen, bringt mehr Wohlbefinden und Ruhe ins Leben und beugt damit auch Krankheiten vor.

Leider leben wir häufig gegen den Rhythmus unserer Organe. Abends finden wir nicht ins Bett, obwohl wir schon um 22 Uhr hundemüde sind und die Regeneration vor Mitternacht besonders gut funktioniert. Wir essen vielleicht spät am Abend noch deftige Mahlzeiten, die nicht mehr so gut verdaut werden können, weil sich unsere Verdauungsorgane in der Ruhephase befinden. Morgens rennen wir ohne Frühstück aus dem Haus, obwohl der Körper gerade jetzt auf Nahrung wartet und besonders viel Kraft hat, um das Essen optimal zu verwerten.

Das geht über einen langen Zeitraum gut, aber wenn wir körperlich angeschlagen sind, ist es ratsam, den Lebensstil zu ändern. So unterstützen wir unseren Körper liebevoll darin, sich dem natürlichen Rhythmus der Organe anzunähern. Dieser Rhythmus sieht in etwa so aus:

Von 5 bis 7 Uhr: Zeit des Dickdarms

Wunderst du dich auch manchmal, dass du ohne Wecker immer so gegen 7 Uhr aufwachst, manchmal vielleicht auch früher? Außer natürlich, du bist spät und erschöpft ins Bett gefallen. Das Interessante ist, dass der Körper zwischen 5 und 7 Uhr Cortisol ausschüttet und uns damit aufweckt. Das Hormon Cortisol sorgt dafür, dass wir morgens aufstehen und bereit sind, die Herausforderungen des Tages anzugehen.

Außerdem meldet sich um diese Zeit der Dickdarm. Er hat seine aktivste Phase um diese Tageszeit und deshalb auch den Drang zur Entleerung. Dies zu unterdrücken oder gar zu übergehen, ist nicht besonders angenehm. Das hast du sicher auch schon mal bemerkt.

Von 7 bis 9: Zeit des Magens

In diesem Zeitraum haben wir normalerweise richtig viel Hunger – es sei denn, wir haben abends so viel gegessen, dass sich unser Magen nicht meldet. Es macht Sinn, jetzt gut zu frühstücken, weil der Magen jetzt aufnahmebereit ist und seine Arbeit tun möchte. Er kann um diese Zeit die Nahrung am besten verarbeiten. Am meisten freut er sich über ein warmes Frühstück. Ein Porridge oder eine gute Suppe bringen Wärme in den Körper und stärken die Immunabwehr. Das ist sehr hilfreich bei vielen rheumatischen Beschwerden, weil Wärme die Schmerzen von innen lindert.

Von 9 bis 11 Uhr: Die Milz ist aktiv

In der Milz-Zeit können wir uns richtig gut konzentrieren und bemerkenswert gut lernen. Es ist auch eine gute Zeit, um Prüfungen zu absolvieren, da unsere Denktätigkeit nun ihre Hochzeit hat. Neben all diesen schönen Geschenken, die uns die Milz damit macht, produziert sie auch noch weiße Blutkörperchen, die die Wundheilung beschleunigen und den Körper besonders widerstandsfähig machen.

Von 11 bis 13 Uhr: Herzenszeit

Idealerweise treffen wir uns jetzt mit Menschen, die wir mögen, zu einem guten Mittagessen. Das können die Kollegen sein, die Familie, deine Kinder oder eine Freundin. Beim Essen tanken wir Energie für den Rest des Tages. Als ich noch im Büro gearbeitet haben, kochten wir uns mittags einfache Gerichte, die wir dann gemeinsam gegessen haben. Es war oft richtig lustig und schön.

Von 13 bis 15 Uhr: Zeit des Dünndarms

Das Mittagstief kennst du sicher auch: Du würdest viel dafür geben, dich einmal kurz hinzulegen, und wenn du die Möglichkeit dazu hast, solltest du es auch tun. Es ist die Phase, in der der Körper viel Kraft für die Verdauung braucht. Meistens sind wir müde und falls du dich hinlegen kannst, wird der Mittagsschlaf auch zum Verarbeiten und Reflektieren der gesammelten Tageseindrücke genutzt. Unser Bauchhirn im Dünndarm hilft uns dabei, Wichtiges von Unwichtigem zu trennen. Falls du dich nicht hinlegen kannst, gehe spazieren oder setze dich eine Weile einfach in Ruhe hin oder erlaube

Herz
Dünn-
darm
Blase
Nieren
Perikard
Dreifach-
erwärmer
Gallen-
blase
Leber
Lunge
Dickdarm
Magen
Milz
1
2
3
4
5
6
7
8
9
10
11
12
13
14
15
16
17
18
19
20
21
22
23
24
火
水
火
木
金
土

dir, langsamer zu arbeiten. Ab 14 Uhr steigt die Konzentrations- und Leistungsfähigkeit wieder an.

Von 15 bis 17 Uhr: Zeit der Blase

Wenn du jetzt nochmal auf Hochtouren kommst, liegt es daran, dass Blutdruck und Kreislauf noch einmal das Maximum erreichen. Das Entgiftungsorgan, die Harnblase, arbeitet besonders gut und auch das Langzeitgedächtnis hat seine Hochphase. Es ist auch eine gute Zeit für sportliche Aktivitäten.

Von 17 bis 19 Uhr: Zeit der Nieren

Die Arbeit ist getan und wir können uns langsam entspannen. Die Lebensenergie läuft um diese Zeit durch den Nierenmeridian und wird dort gespeichert. Um diese Zeit sinken Puls und Blutdruck automatisch, obwohl unser Leben noch eine Weile auf Hochtouren läuft. Es ist eine gute Zeit für ein leichtes Abendessen, denn Magen und Milz beginnen in den kommenden zwei Stunden mit ihrer Regeneration. Gehe sorgsam mit deinen Kräften um.

Von 19 bis 21 Uhr: Zeit von Kreislauf und Perikard

Der Körper geht nun in den Ruhemodus. Blutdruck und Puls werden heruntergefahren. Die alten Chinesen haben diese Phase dem Perikard zugeordnet. Das Perikard (der Herzbeutel) ist eine bindegewebsartige Hülle, die unser Herz umschließt und es vor negativen Einflüssen schützt. Es steuert die Libido und den Kreislauf. Ist das Perikard stark, sind Körper und Seele im Einklang. Schließe alle Arbeiten ab, wenn du kannst, und genieße den Abend mit Freunden. in der Familie oder für dich allein.

Von 21 bis 23 Uhr: Zeit des dreifachen Erwärmers

Der »dreifache Erwärmer« ist ein Begriff aus der chinesischen Medizin. Er koordiniert Energiekreisläufe untereinander und ist für das ungehinderte Fließen der Lebensenergie zuständig. Die Verdauungsorgane gehen in die Erholungsphase über. Nun ist die ideale Zeit für Entspannung, Liebe, zum Meditieren und zum Kräftesammeln. In dieser Phase bereiten wir uns darauf vor, den Tag abzuschließen.

Von 23 bis 1 Uhr: Zeit der Gallenblase

Jetzt entspannt sich dein Körper und möchte schlafen. Der »Aufwecker«, die Cortisolausschüttung, wird heruntergefahren, der Stoffwechsel wird träge, die Haut regeneriert sich, Blutdruck, Herzfrequenz und Temperatur werden gesenkt. Am besten liegst du jetzt schon im Bett. Essen und Alkohol werden nicht mehr gut vertragen; beide belasten den Körper jetzt sehr.

Von 1 bis 3 Uhr: Die Leber ist aktiv

Unsere Leistungsfähigkeit ist nun auf dem Tiefpunkt. Wenn du dich jetzt noch irgendwo herumtreibst, kann es sein, dass du leicht frierst, denn dein Körper ist jetzt besonders empfindlich. Während wir schlafen, ist unsere Leber aktiv und entgiftet auf Hochtouren. Die Leber kann sich übrigens nur im Schlaf regenerieren.

Von 3 bis 5 Uhr: Zeit der Lunge

Frische Luft im Schlafzimmer ist eine Wohltat für die Lunge. Am besten lüftest du dein Schlafzimmer ausgiebig, bevor du schlafen gehst, oder schläfst gleich bei offenem Fenster. Die Lunge hat jetzt ihre Reinigungsphase und frische Luft unterstützt diesen Prozess außerordentlich gut. Ich finde es wunderbar, bei offenem Fenster zu schlafen, und genieße die tiefen Atemzüge bei hereinströmender Luft.

Nun sind wir am Ende dieses Kreislaufs angekommen und es geht wieder von vorne los mit der Zeit des Dickdarms.

Beobachte dich und deinen Körper

Stimmt das, was du eben gelesen hast, mit dem überein, was du selbst empfindest? Die gute Konzentrationsfähigkeit am Morgen, das Bedürfnis, ab 12 Uhr zu Mittag zu essen, das Mittagstief danach? Und in den Abendstunden? Arbeitest du abends noch lange am Computer oder siehst bis in die Puppen fern? Wie sieht dein Tagesablauf aus?

Dieses Wissen um die Organuhr kann dir helfen, Stress und Überforderung zu reduzieren und zu einem natürlichen Lebensrhythmus zurückzufinden. Wir brauchen beides, aktive und ruhige Phasen. Schreibe doch einmal auf, wie dein Tagesablauf aussieht. Gibt es etwas, was du ändern möchtest? Oder ist dein Tagesrhythmus stimmig für dich und deinen Körper? Hast du genügend Erholungsphasen?

Yin und Yang

Die Begriffe kommen aus der fernöstlichen Philosophie und werden dort schon seit tausenden von Jahren auf alle Lebensbereiche angewandt. Ein Verständnis von Yin und Yang kann dir helfen, deinen eigenen Zustand zu verstehen – körperlich wie seelisch. Und es kann dir dabei helfen, Kochmethoden und Lebensmittel so einzusetzen, dass du auf deine momentane Kondition einwirken kannst.

In einem gesunden Organismus wird Yin und Yang als ein harmonisches Zusammenspiel erlebt. Das heißt, wir fühlen uns wohl in unserem Körper, können gut schlafen, uns gut entspannen, haben Kraft und können mit den Herausforderungen des Lebens gut umgehen. Jede Disbalance des Körpers ist ein Zeichen dafür, dass Yin und Yang aus dem Gleichgewicht geraten sind. Auch chronische Gelenkerkrankungen gehören dazu.

Manchmal machen wir alles schon intuitiv richtig, denn unser Körper zeigt uns, was er braucht, um ausgeglichen zu sein. Aber manchmal machen wir es genau falsch, sodass wir aus der Balance geraten und uns unwohl fühlen. So etwas kennst du sicherlich genauso wie ich: die Tasse Kaffee, die wir zu viel getrunken haben und durch die wir uns aufgeregt und unruhig fühlen; das Glas Bier am Abend, das uns ausgekühlt hat und von dem wir am nächsten Morgen schlapp sind; zu viele Süßigkeiten, von denen uns schlecht geworden ist, die uns vielleicht sogar Durchfall und Schmerzen bescheren.

Kommt so etwas nicht so häufig vor, kann unser Körper, je nach Zustand, damit umgehen. Oft können wir es auch selbst schnell wieder korrigieren, indem wir für eine Weile genauer darauf achten, was wir wann essen oder trinken.

Unser Körper möchte im Gleichgewicht bleiben

Du kennst das ganz bestimmt: Wenn du etwas sehr Salziges gegessen hast, möchtest du wieder etwas Süßes essen. Und wenn du zu viel Süßes gegessen hast, möchtest du wieder etwas Salziges essen. Konkret: Du hast bei McDonald's eine Portion Pommes mit einem Burger gegessen und möchtest danach ziemlich sicher eine Cola trinken. Die Pommes und der Burger sind salzig, die Zubereitungsarten (Frittieren und Braten) sind sehr hitzig – also yangig. Dadurch bekommen wir Durst (Yang) und das starke Bedürfnis, etwas zu trinken. Durch das Getränk (Yin) entsteht wieder Entspannung (Yin) und der Durst ist erst einmal gelöscht.

Und noch ein anderes Beispiel für Yin und Yang: Draußen ist es kalt, du frierst – ein sogenannter Yin-Zustand. Dann gehst du ins Haus und machst es dir mit einer Wärmflasche und einer Wolldecke kuschelig warm. Nun kommt langsam die Wärme zurück – der Yang-Zustand.

Auf das Essen bezogen: Du kannst mit der Zubereitung Einfluss darauf nehmen, ob dir warm, heiß oder kalt ist, ob du angespannt oder entspannt, voller Tatendrang oder schlapp bist, ob du tief und erholsam schläfst oder nicht ein- und durchschlafen kannst. Zum besseren Verständnis habe ich für dich einige Beispiele dafür zusammengestellt, wie bestimmte Phänomene nach Yin und Yang einzuordnen sind.

Was wird dem Yin zugeordnet?
- Flüssigkeit
- Kälte
- Dunkelheit
- Ruhe
- Passivität
- Langsamkeit
- Mond
- Winter

Was wird dem Yang zugeordnet?
- alles, was fest ist
- Trockenheit
- Wärme
- Helligkeit
- Lärm
- Schnelligkeit
- Aktivität
- Sonne
- Sommer

Zubereitungsmethoden nach Yin und Yang

Auch Lebensmittel und die Zubereitungen von Gerichten können wir nach Yin und Yang einteilen. Mit den verschiedenen Kochmethoden kannst du Wärme, Hitze, Zusammenziehung (Yang) oder Kälte, Erfrischung, Ausdehnung (Yin) im Körper erzeugen.

Yinnige, also eher erfrischende und sanfte Zubereitungsmethoden sind:
- Dünsten
- Kochen
- Sieden
- Poschieren
- Dämpfen
- Blanchieren
- Wasserbad
- Rohkost

Die yinnigen Zubereitungsarten sorgen dafür, dass dir nicht unangenehm heiß wird, deine Körpersäfte nicht austrocknen und du dich entspannen kannst.

Regelmäßig eine kleine Menge gedämpftes oder blanchiertes Gemüse auf dem Teller bringt Leichtigkeit ins Essen, ist bekömmlich und saftig. Es wirkt entspannend auf die Leber, ausleitend und entzündungshemmend – Dämpfen und Blanchieren sind also wichtige Zubereitungsarten für Menschen mit chronischen Gelenkerkrankungen.

Auch eine kleine Menge Rohkost darf regelmäßig auf deinem Teller sein. Rohkost ist die yinnigste Art, Gemüse zu essen. Sie sollte aber nicht in zu großen Mengen genossen werden. Rohkost kühlt und erfrischt, was im Sommer oder wenn dir tendenziell eher heiß ist, genau richtig sein kann.

Yangige, also wärmende Zubereitungsmethoden sind:
- Schmoren
- Zubereitungen im Drucktopf
- Backen
- Frittieren
- Grillen

Schmoren eignet sich gut für groß geschnittene Stücke Wurzelgemüse. Du brätst das Gemüse von allen Seiten an, bis es von selbst Flüssigkeit zieht. Es wird durch diese Kochmethode angenehm süß, speichert Wärme und wirkt noch dazu stabilisierend auf den Blutzuckerspiegel.

fest
trocken
warm
hell
laut
schnell
aktiv
Sonne
Sommer
Yang
Schmoren
Druckgaren
Backen
Frittieren
Grillen
Yin
flüssig
feucht
kalt
dunkel
ruhig
langsam
passiv
Mond
Winter
Dünsten
Kochen
Sieden
Pochieren
Dämpfen
Blanchieren
Wasserbad
Rohkost

Dampfdrucktopf: Zubereitungen im Dampfdrucktopf empfehle ich dir für Vollkornreis und Hülsenfrüchte. Für Hülsenfrüchte deshalb, weil sich dadurch die Kochzeit verringert. Für Vollkornreis, weil er ganz gleichmäßig gegart wird. Vollkornreis ist nämlich ziemlich hart. Du kannst Hülsenfrüchte und Reis auch in einem normalen Topf kochen. Dann verlängert sich die Kochzeit bei den Hülsenfrüchten und auch beim Reis. Diese Kochmethode ist dann weniger yang, weil ohne Druck gekocht wird.

Backen: Hier wird mit viel Hitze gearbeitet. Der Vorgang des Backens macht das Gemüse trockener und gleichzeitig wird der Geschmack süßer. Die Hitze, die dabei im Gemüse gespeichert wird, überträgt sich auf unseren Körper, sodass auch wir mehr yang (warm) werden. Diese Kochmethode aktiviert den Kreislauf und ist gut, um uns zu stärken, zu vitalisieren und um Kälte aus dem Körper zu vertreiben.

Frittieren macht richtig schön warm. Bei einem Bedürfnis nach mehr Fett ist es besonders in den kalten Jahreszeiten zu empfehlen.

Grillen erzeugt ebenfalls Hitze. Zum Ausgleich essen wir dazu erfrischende Beilagen, z. B. Kichererbsen- oder Weiße-Bohnen-Salat, Quinoa-, Gurken- und Nudelsalat, kurz gekochtes Gemüse, Pickles oder erfrischendes Obst wie Wassermelone.

Idealerweise fühlst du dich nach einem Essen angenehm wohl – nicht zu warm und nicht zu kalt, entspannt und vital. Das erreichst du am besten, indem du Hitze erzeugenden Gerichte mit erfrischenden und kühlenden Zubereitungen kombinierst.

Was könnte auf deinem Teller liegen?

Wichtig ist, dass du von deinem Essen satt wirst, denn dann bist du gegen Heißhungerattacken und Süßigkeitsanfälle gefeit. Wie viel du wovon essen sollst, möchte ich dir nicht vorschreiben, denn das ist sehr individuell. Sorge aber bitte dafür, dass du immer genügend Gemüse auf deinem Teller hast. Das fällt sicher leichter, wenn du insgesamt weniger Brotmahlzeiten zu dir nimmst, stattdessen morgens mit einem warmen Frühstück startest und am Abend noch eine Suppe oder Reste vom Mittagessen isst.

Alles auf einmal verändern? Das kann zu viel werden, beginne doch einfach mit einer kleinen Veränderung. Mit etwas, das dich am meisten anspricht, wie einem tollen Nachtisch, einem warmen Frühstück oder regelmäßig grünem Gemüse.

Mein Teller sieht so aus:

- kurz gekochtes Gemüse, z. B. blanchiertes oder gedämpftes grünes Gemüse, oder ein kleiner Salat
- Eiweiß in Form von Hülsenfrüchten, Fisch, Tempeh, Tofu oder Seitan
- eine Beilage, z. B. Reis, Hirse, Hafer, Quinoa, Gerste oder eine Mischung daraus
- etwas Fermentiertes, z. B. Zwiebelpickles oder ein Löffel Sauerkraut oder Pickleszubereitungen (Seite 122)
- Gemüse, das etwas länger geschmort oder im Backofen zubereitet wurde
- ab und zu Algen (Seite 55)

Suche dir jetzt drei Komponenten aus. Du musst nicht alles zu einer Mahlzeit essen, sondern kannst es über den Tag verteilen oder einfach bei drei Variationen bleiben.

Die fünf Geschmäcker

Die Geschmacksrichtungen »süß«, »bitter«, »scharf«, »sauer« und »salzig« kennen wir alle. In der Traditionellen Chinesischen Medizin hat jeder Geschmack eine andere Wirkung und stimuliert ein anderes Organ. Dieses Wissen können wir für unsere moderne Ernährung nutzen.

Wenn du diese fünf grundlegenden Geschmacksrichtungen bei deiner Speisenauswahl regelmäßig berücksichtigst, kann dir das helfen, dich nach einem Essen zufrieden und genährt zu fühlen. Außerdem wird jede Mahlzeit zu einem echten Geschmackserlebnis.

Süß – wer mag das nicht?

Der süße Geschmack hat für die meisten Menschen eine besondere Bedeutung. Mit »süß« meine ich allerdings nicht Zucker, sondern alle Lebensmittel mit einer natürlichen Süße, z. B. Kürbis, Möhren, Mais, Pastinaken, Rüben, gekochte Zwiebeln, gekochter Kohl, Nüsse, gekochtes Getreide, Fett, Fleisch, Hülsenfrüchte, Mais.

Diese Lebensmittel helfen, den Blutzuckerspiegel konstant zu halten, nähren uns, sorgen für ein Gefühl der Zufriedenheit, wirken beruhigend und befeuchten den Organismus. Ein starker Hunger nach Süßem zeigt, dass der Körper nicht optimal versorgt ist, denn der süße Geschmack wirkt auf den gesamten Organismus.

Süßigkeiten mit raffiniertem weißem Zucker haben mich früher magisch angezogen. Doch ist Zucker überhaupt gut bei Rheuma oder anderen chronischen Gelenkerkrankungen? Sicher eine blöde Frage, aber manchmal habe ich den Eindruck, dass die meisten Menschen den Zuckerkonsum auf die leichte Schulter nehmen. Und wenn ich mit jemandem spreche, der Rheuma hat, bin ich immer ein bisschen erstaunt, wie viel Zucker doch noch täglich konsumiert wird. Ich erinnere mich aber auch daran, wie schwer es für mich war, auf Zucker zu verzichten. Kannst du dir ein Leben ohne Zucker vorstellen?

Gerade weil so viele Menschen tagtäglich Zucker zu sich nehmen, fragt man sich: Ist Zucker denn wirklich so schädlich? Ja, leider: Zucker in den Mengen, wie wir ihn heute konsumieren, ist schädlich, vor allem, wenn du unter schmerzenden Gelenkerkrankungen leidest.

Warum lieben wir den süßen Geschmack?

Die erste Nahrung, die wir zu uns nehmen, ist süßlich: die Muttermilch. Das ist von der Natur gut eingerichtet, denn was süß schmeckt, liefert am schnellsten Energie. Außerdem ist er für uns auch ein Zeichen, dass die Nahrung nicht giftig ist. Der süße Geschmack ist der wichtigste Geschmack und da ist es erst einmal egal, ob es sich dabei um Kohlenhydrate, Früchte und süße Gemüsesorten handelt oder um Fleischsorten wie Rind und Kalb oder um weißen Zucker. Allerdings haben Gemüse und Obst keine negative Wirkung im Körper, sondern sie bilden Säfte, bauen Blut auf und nähren uns.

Was macht Zucker so verführerisch?

Neben der Tatsache, dass Zucker schnell Energie spendet, du also, wenn du schlapp, träge oder antriebsarm bist, dich schnell wieder obenauf fühlst, besitzt Zucker die außergewöhnliche Fähigkeit, Stagnation und Blockaden aufzulösen und dich zu entspannen – körperlich und auch seelisch. Auf körperlicher Ebene wirkt ein bisschen Zucker sogar kurzfristig schmerzlindernd. Das habe ich selbst ein paar Mal erlebt, als ich rheumatische Schmerzen hatte und entgegen meinen Vorsätzen irgendetwas Süßes mit Zucker gegessen habe. Die Schmerzen waren dann erst einmal stark gelindert. Es ist jedoch keine Lösung, Zucker als Schmerzmittel einzusetzen, da bei regelmäßiger Verwendung und höherem Konsum das Gegenteil passiert.

Auch auf emotionaler Ebene wirkt Zucker erst einmal positiv. Wenn du Liebeskummer hast, Stress mit deinem Partner, du dich abgelehnt und ungeliebt fühlst, dann sind Süßigkeiten optimal. Sie lösen deinen Schmerz im Solarplexus und du fühlst dich besser und getröstet. Du bist dem Schmerz nicht mehr so ausgeliefert – das ist natürlich sehr verführerisch.

Warum ist es so schwer, den Zuckerkonsum deutlich zu reduzieren?

Süßigkeiten geben uns Trost und können Schmerzen lösen, der süße Geschmack entspannt und macht glücklich. Süßigkeiten werden überall angeboten und stehen zur ständigen Verfügung. Alle essen Süßigkeiten – da ist es schwer, Nein zu sagen. Und wenn du es dann doch schaffst abzulehnen, reagieren viele mit Unverständnis und mit Kommentaren wie »Ach, gönn dir doch mal was« oder »Da ist doch gar nicht viel Zucker drin, dann ist es doch nicht so schlimm«. Da fällt es ganz schön schwer, standhaft zu bleiben.

Feuchtigkeit im Körper – was ist das?

Nach der Traditionellen Chinesischen Medizin entsteht Feuchtigkeit durch zu viel kaltes Essen, z. B. häufige Brotmahlzeiten, Rohkost, Milchprodukte, aber durch auch Süßigkeiten, Weißmehlprodukte oder zu fettes Fleisch. Im Übermaß genossen können sie zu der sogenannten Feuchtigkeit führen.
Die Symptome sind: breiiger Stuhl, geschwollene und schmerzende Gelenke, Ödeme, erhöhter Cholesterinspiegel, Akne, häufige Erkältungen sowie Übergewicht.

Was passiert noch beim Genuss von Smarties & Snickers?

Ich erinnere mich daran, dass ich als Kind sehr gern Süßigkeiten gegessen habe. Wir haben uns, wenn wir Geld hatten, oft ziemlich viel davon gekauft. Mir ist als 10-Jährige schon aufgefallen, dass ich mich nach hohem Zuckerkonsum kurzfristig gut fühlte, dann aber richtig müde wurde. Der Körper gewöhnt sich an die regelmäßige Zufuhr von Süßigkeiten und verlangt in einem Tief wieder danach, um erneut diesen Kick zu bekommen. So geraten wir in eine ungute und ungewollte »Zucker-Spirale«.

Die Traditionelle Chinesische Medizin hat eine gute Erklärung dafür, da sie lehrt, dass Zucker die Bildung von Feuchtigkeit im Körper verursacht. Das ist für uns westliche Menschen schwer vorstellbar, ich weiß. Und diese Feuchtigkeit im Körper wird für viele Krankheiten verantwortlich gemacht, z. B. auch für schmerzende Gelenkerkrankungen.

Was hilft gegen das Verlangen nach Zucker?

Du willst aus der »Zucker-Spirale« aussteigen? Das ist gar nicht so einfach, aber du wirst es schaffen, wenn du wirklich willst. Folgende Tipps helfen dir dabei:

1. Gönne dir regelmäßige Mahlzeiten mit genügend Proteinen und Fett, damit du wirklich satt wirst.
2. Ein warmes und süßes Frühstück am Morgen kann dir helfen, Süßhunger zu überwinden, z. B. Haferflocken gekocht mit getrockneten Aprikosen oder Hirseporridge mit Birnen (Seite 60). Auf Dauer ist allerdings ein pikantes Frühstück empfehlenswerter. Aber starte ruhig mit einem süßen Frühstück, dann fällt die Umstellung nicht so schwer und der Heißhunger auf Süßes wird schon morgens gestillt.
3. Wenn du auf zuckerfreie Desserts umstellen willst, hast du am besten immer ein Dessert auf Vorrat im Haus. Die meisten Desserts (Seite 138) in meinem Buch kannst du auf Vorrat kochen.
4. Benutze statt Zucker Reissirup oder Ahornsirup – auch mit Kokosblütenzucker in Bio-Qualität habe ich gute Erfahrungen gemacht. Obwohl wir bei Entzündungen grundsätzlich zurückhaltend mit Süßigkeiten sein sollten, sind diese Süßungsarten wesentlich milder als Zucker. Und es gibt auch viele Desserts in diesem Buch, die ohne zusätzliche Süßungsmittel auskommen und trotzdem süß schmecken.
5. Kaufe am besten nur noch Lebensmittel, bei denen du sicher bist, was drin ist. Auf dem Etikett siehst du, ob Zucker zugesetzt wurde. Du findest alle Zutaten unter dem Begriff »Zutaten« – nicht zu verwechseln mit der Nährwerttabelle, in der angegeben wird, wie viel Kohlenhydrate das Produkt hat und wie hoch der Zuckeranteil der Kohlenhydrate ist. Damit ist nicht der zugesetzte Zucker gemeint. (mehr dazu unter »So liest du ein Etikett«, Seite 34)

Wusstest du, dass Hersteller nicht verpflichtet sind, die Menge der verwendeten Zuckerart zu benennen? Du erkennst, dass eine Menge Zucker in einem Produkt enthalten ist, wenn einer dieser Zucker-Namen gleich als erster auf der Zutatenliste auftaucht. Es gibt Produkte, in denen verschiedene Zuckerarten verwendet werden, die dann meistens an unterschiedlichen Stellen im Zutatenverzeichnis stehen. Dadurch wird es schwieriger, den Zuckergehalt einzuschätzen. Solche Produkte solltest du besser meiden.

Hinter welchen Namen verbirgt sich Zucker?

Manchmal versteckt sich der Zuckerzusatz auch hinter einem anderen Begriff als »Zucker«. Folgende Namen sind andere Bezeichnungen für Zucker:

- Saccharose
- Raffinose
- Süßmolkenpulver
- Maltose oder Malzextrakt
- Karamellsirup
- Glukose
- Fruktosesirup oder Fruktose-Glukose-Sirup
- Glukosesirup, Glukose-Fruktose-Sirup oder Stärkesirup
- Laktose
- Dextrose
- Maltodextrin, Dextrin oder Weizendextrin

Bitter – bitte keinen Kaffee!

Den bitteren Geschmack findest du bei vielen Gemüsesorten, z. B. Grünkohl, Kohlblättern, Senfkohl, Endivie, Klettenwurzel, Möhrengrün, Kohlrabiblättern, Getreidekaffee, Chicorée, grünem Sellerie, Löwenzahn, Enzian, gerösteten Sesamsaaten, Rauke, Radicchio, auch bei grünem Tee, Kaffee, Kakao.

Der bittere Geschmack wirkt ausleitend, entzündungshemmend und trocknend. In der Kräutermedizin werden bittere Kräuter eingesetzt, um die Entgiftung anzuregen und um Entzündungen zu hemmen. Bitterstoffe helfen bei der Fettverdauung – denken wir an den Kräuterlikör oder den Espresso, die gern nach einem fettigen Essen gereicht werden. Die Bewegungsrichtung des bitteren Geschmacks lenkt nach unten.

Bei unseren Gemüsesorten wurde der bittere Geschmack häufig gezielt weggezüchtet, obwohl er so wichtig ist. Heute werden der süße und der salzige Geschmack bevorzugt. In letzter Zeit wurde auch der scharfe Geschmack (Chili) sehr populär.

Warum ist Kaffee ungünstig bei chronischen Gelenkerkrankungen?

Viele Menschen lieben Kaffee so sehr, dass ich mich oft gar nicht traue zu sagen, dass es besser wäre, auf Kaffee für eine Weile, wenn nicht gar für immer zu verzichten. Der Duft von Kaffee ist unvergleichlich gut und wenn man sich erst einmal an die tägliche Tasse Kaffee gewöhnt hat, ist es für die meisten verdammt schwer, sich davon wieder zu lösen.

Kaffee ist eines der am meisten konsumierten Getränke der Welt und was die Gesundheit betrifft, eines der umstrittensten. Umstritten ist vor allem der Inhaltsstoff Koffein.

Die positive Seite von Koffein: Koffein hat eine stimulierende Wirkung auf einen trägen Darm und kann bei manchen Menschen wie ein Antidepressivum wirken. Es kann auch dazu beitragen, Nierensteine zu lösen, und bei der Verdauung von Fett helfen. Kaffee wirkt ausleitend, d. h., der Körper scheidet Wasser aus, was vielleicht bei einem Ödem positiv wäre, aber auch zu einer Austrocknung des Körpers führen kann.

Die negative Seite von Koffein: Der Körper wird durch Kaffee in einen Stresszustand versetzt, weil durch Koffein Cortisol freigesetzt wird. Das Hormon Cortisol wird in den Nebennieren gebildet und hemmt Entzündungen. Es wird vermehrt ausgeschüttet, wenn wir Stress haben; der Cortisolspiegel normalisiert sich wieder, wenn der Stress vorbei ist. Doch viele Menschen haben anhaltenden Stress. Zu viel Kaffee, zu wenig Schlaf, permanent hohe Anforderungen oder dauernde Angst können zu einer Erschöpfung der Nebennieren führen. Man spricht dann von einer Nebennierenschwäche, die sich in Müdigkeit, Kraftlosigkeit und Schmerzen zeigen kann. Wenn die Nebennieren erschöpft sind und nicht mehr genug Cortisol produzieren, begünstigt dies Steifheit und Schwellungen in den Gelenken – vor allem am frühen Morgen, wenn der Cortisolspiegel am höchsten sein sollte.

Was spricht noch gegen Kaffee?

- Koffein hemmt die Aufnahme von B-Vitaminen und bewirkt, dass der Körper Mineralstoffe wie Kalzium oder Eisen ausscheidet.
- Wenn du dazu neigst zu frieren und häufig kalte Füße hast, lass den Kaffee weg, er wärmt nur kurz und noch dazu oberflächlich. Auf Dauer kühlt er stark ab.
- Trockene Haut, trockene Augen, Schlafprobleme und »dünne« Nerven zeigen ebenfalls an, dass es besser wäre, den Kaffeekonsum zu reduzieren.
- Koffein schwächt die hemmende Wirkung der Akupunktur ab und wirkt der heilenden Kraft von Homöopathie entgegen. Dies macht sich schon nach einer Tasse Kaffee bemerkbar.

Wenn dich der **Hunger** **auf Süßes** überfällt …

… kannst du ihn mit diesen Rezepten ohne schlechtes Gewissen stillen. Die süßen Gerichte sind schnell gemacht und schmecken himmlisch gut. Da haben Snickers & Co. keine Chance mehr – und nicht nur deine Zunge, sondern auch deine Gelenke werden sich freuen!

Tsampa-Pudding

Für 4 Portionen
20 Min.

400 ml Dinkelmilch • Salz • 3 EL Reis- oder Ahornsirup • 100 g Tsampa • 1 TL gemahlener Kardamom

- Milch mit 1 Prise Salz und Reissirup zum Kochen bringen.
- Tsampa mit einem Schneebesen einrühren. Die Masse wird schnell dick.
- Kardamom unterrühren.

Tipp Tsampa besteht aus gerösteter Gerste und ist das Grundnahrungsmittel der Tibeter. Sie machen daraus salzige und süße Speisen. Traditionell wird Tsampa mit Buttertee gereicht.

Mandel-Kokos-Schoko-Bällchen

Für ca. 10 Stück
15 Min

300 g fein gemahlene Mandeln • 80 ml Reissirup • Kakao • Kokosflocken

- Mandeln mit einer Gabel mit dem Reissirup vermengen und kleine Kugeln daraus formen.
- Kakaopulver und Kokosflocken auf je einen Teller geben und die eine Hälfte der Kugeln im Kakao, die andere in Kokosflocken wälzen.

Varianten Geriebene Orangenschale gibt den Mandeln eine fruchtige Note. Ein paar Tropfen Bittermandelextrakt lassen die Kugeln noch mehr nach Marzipan schmecken.

Süße Sonnenblumenbällchen

Für 30 Stück
45 Min.

120 g Sonnenblumenkerne • 20 g Rosinen (optional) • 2 EL Wasser • 2 EL Reissirup

- Sonnenblumenkerne waschen und in einer Pfanne ohne Fett rösten. Mit Rosinen mischen.

- Wasser und Sirup vorsichtig aufkochen und 5 Min. köcheln lassen. Aufpassen, dass nichts anbrennt!

- Mit einem Löffel über die Kerne und die Rosinen geben und gut miteinander vermischen.

- Abkühlen lassen. Hände mit kaltem Wasser befeuchten und kleine Kugeln daraus formen.

»Kaffee Latte« mit Schaum

2 Portionen
10 Min.

200 ml Getreidekaffee deiner Wahl • 1 Prise gemahlener Kardamom • 1 TL Reissirup • Salz • 220 ml Mandelmilch ohne Zucker • 1 Milchaufschäumer

- »Kaffee« kochen und mit Kardamom, Reissirup und 1 Prise Salz mischen.

- Mandelmilch erhitzen und mit dem Milchaufschäumer zu Schaum schlagen. Am meisten Schaum bekommst du, wenn du den Topf leicht kippst und dann den Milchaufschäumer am oberen Rand der Milch ansetzt. Einfach ausprobieren!

- »Kaffee« in ein Glas gießen und den Schaum zusammen mit der Milch dazugießen.

Variante Falls du lieber süßen Kaffee magst, 1 TL Kokoszucker in den Kaffee geben oder anstelle von Mandelmilch Hafermilch nehmen. Sie ist ziemlich süß – auch ohne zugesetzten Zucker, schäumt zwar nicht ganz so gut, schmeckt aber vorzüglich.

Wodurch kann ich Kaffee ersetzen?

Es gibt gesunde Alternativen zum Ritual und zum Genuss des Kaffeetrinkens. Wenn du ein echter Kaffeeliebhaber bist, gehe bei der Umstellung langsam vor. Von einem Tag auf den anderen ganz auf Kaffee zu verzichten, ist für viele Menschen zu radikal, weil der Verzicht oft Entzugserscheinungen auslöst, z.B. starke Kopfschmerzen. Hier zwei Tipps für die Umstellung:

- Mische Getreidekaffee in deinen normalen Kaffee und erhöhe die Menge des Getreidekaffees allmählich. Experimentiere ein bisschen, bis du »deinen« »Kaffee« gefunden hast. Ich finde z.B. den Lupinenkaffee von Bioland ziemlich lecker. Er lässt sich für eine Umstellung gut nutzen.
- Auch grüner Tee liefert in der Übergangsphase etwas Koffein, damit die Folgen der Entwöhnung nicht zu heftig werden.

Scharf – maßvoll genossen gegen Kälte

Den scharfen Geschmack finden wir z.B. in Ingwer, Knoblauch, Zimt, Nelken, rohen Zwiebeln, rohem weißem Rettich, Meerrettich, Radieschen, Frühlingszwiebeln, Lauch, Wasabi, Pfeffer, schwarzem Rettich, Chili und Pfefferminze.

Scharfe Nahrungsmittel wirken zerstreuend, dynamisierend, schweißtreibend und appetitanregend. Der scharfe Geschmack öffnet die Poren, was du sicher schon mal beim Trinken von Ingwertee oder einer scharf gewürzten Suppe erlebt hast. Er ist sehr nützlich, wenn du zum Frieren neigst. Ein Zuviel an scharfen Gewürzen in Form von Chili, Cayennepfeffer, Knoblauch, Ingwer und scharfen Paprikas aber wird auf Dauer deine innere Wärme verpuffen lassen und dazu führen, dass dir kalt wird. Setze sie also nicht zu häufig ein.

Der scharfe Geschmack wird therapeutisch verwendet, um Stagnation zu lösen, und hilft maßvoll eingesetzt bei der Umwandlung der Nahrung. Die Bewegungsrichtung des scharfen Geschmacks geht nach oben und außen. Das kannst du dir ganz einfach vorstellen, wenn du an die Wirkung beim Genuss einer scharfen Suppe denkst.

Sauer – macht lustig?

Den sauren Geschmack finden wir z.B. in Sauerkraut, Pickles (fermentiertes Gemüse), Sauerteigbrot, Essig, Zitrone, Umeboshi-Pflaumen, Früchtetee, Hagebuttentee und säuerlichem Obst. Ein Spritzer Zitronensaft oder eine kleine Menge Pickles zum Essen schmecken gut und geben unserem Essen den nötigen Kick.

Der saure Geschmack schützt uns vor einem übermäßigen Flüssigkeitsverlust, z.B. im heißen Sommer, weil der saure Geschmack die Säfte im Körper hält. Wenn wir Flüssigkeit verlieren wollen, ist zu viel Saures in Form von Joghurt, sauren Getränken, säuerlichen Pickles und Obst ungünstig. Außerdem stimuliert der saure Geschmack die Leber, was in Maßen gut ist. Ein Zuviel an Saurem kann die Leber allerdings belasten.

Die Bewegungsrichtung des sauren Geschmacks geht nach innen und wirkt zusammenziehend. Das merkst du deutlich, wenn du in eine Zitrone beißt. Und daher kommt auch das bekannte Sprichwort »Sauer macht lustig«, denn durch den sauren Geschmack ziehen sich die Gesichtsmuskeln automatisch zusammen.

Salzig – auf die Menge kommt es an

Den salzigen Geschmack finden wir z.B. in Meersalz, Meeresalgen, Sojasauce und Fisch. Er stimuliert Nieren und Blase. In kleinen Mengen hat Salz eine ausleitende, aufweichende Wirkung. In

Verbindung mit Wasser regt Salz die Harn- und Stuhlausscheidung an. Zu viel Salz trocknet aus, macht steif und kann sogar rheumatische Schmerzen verstärken.

Salz und Mineralien

Salz – und ich meine damit Meersalz – nährt in kleinen Mengen. Wenn in der Naturheilkunde von Salz gesprochen wird, sind damit immer Mineralien gemeint. Neben Natriumchlorid befinden sich auch kleine Mengen Magnesium, Kalium, Kalzium sowie essentielle Spurenelemente, z. B. Jod, Zink, Mangan und Selen, im Salz.

Kochsalz, das wir im Supermarkt kaufen können, ist industriell gefertigtes und raffiniertes Salz, in dem vom Rohsalz nur noch Natriumchlorid übrig geblieben ist. Dieses Salz ist schädlich und wird vom Körper als aggressives Zellgift erkannt. Es kann mit verantwortlich für Rheuma, Cellulite, Nieren- und Gallensteine sein. Deshalb empfehle ich dir Meersalz, Steinsalz oder Himalayasalz.

Wie viel Salz ist gut für uns?

Unser täglicher Salzbedarf liegt bei 3–4 g. Die Deutsche Gesellschaft für Ernährung (DGE) und die Weltgesundheitsorganisation (WHO) empfehlen nicht mehr als 6 g Salz pro Tag. Das kommt mir zu viel vor, denn es entspricht etwas mehr als einen gestrichenen Teelöffel. Diese Menge haben wir schon fast mit einer Tiefkühlpizza (5 g Salz) gedeckt. Es ist also gar nicht so einfach, dem vielen Salz auszuweichen, das in verschiedenen Lebensmitteln versteckt ist, z. B. in Fertiggerichten, Instantsuppen, fertiger Gemüsebrühe, Brot, Käse, Wurst und in den Chips vor dem Fernseher. Damit sorgen wir fast unbemerkt für eine zu hohe Salzaufnahme.

Ein hoher Salzkonsum löst ein starkes Bedürfnis nach Süßigkeiten, Flüssigkeit und alkoholischen Getränken aus. Überschüssiges Salz wird übrigens im Körper gespeichert. Das Natrium lagert sich in der Haut und im Muskelgewebe ab und bildet dort Depots. In Studien erkannten Forscher, dass das abgelagerte Salz das Immunsystem durcheinanderbringen kann.

Gar kein Salz zu essen, ist aber auch keine Lösung, denn Salz ist lebenswichtig. Unser Körper braucht Salz für viele Prozesse, z. B. für die Verdauung, Blutzirkulation, Muskeltätigkeit und für den Stoffwechsel. Zu wenig Salz oder gar kein Salz zu essen macht völlig energielos, das habe ich selbst schon erfahren.

Wie kommen wir auf die richtige Menge Salz?

Wenn du überwiegend selbst kochst, kannst du den Salzgehalt deiner Speisen selbst bestimmen. Orientiere dich dabei an einem Salzgehalt von 3–4 g am Tag.

Ich habe meine tägliche Salzzufuhr nie mit der Waage kontrolliert. Allerdings habe ich salzhaltige Produkte wie Käse, Wurst, Pizza und Brotmahlzeiten stark reduziert oder ganz von meinem Ernährungsplan gestrichen. Dadurch hat sich die Aufnahme von Salz von ganz alleine reduziert. Gern verwende ich ergänzend Sojasauce und Tamari.

Ganz wichtig: Sich ganz ohne Salz zu ernähren, wäre schädlich. Wir brauchen Salz – aber auf die Menge kommt es an!

Essen im Einklang mit den Jahreszeiten

Unsere Ernährung wirkt sich auf unser Wohlbefinden aus. Wenn du auf saisonales Essen achtest, lebst du mehr im Einklang mit der Natur und fühlst dich während der verschiedenen Jahreszeiten wohler. Probiere es doch einfach einmal aus.

Bevor ich anfing, mich intensiv mit Ernährung zu beschäftigen, habe ich pausenlos gefroren. Ich wäre nie auf die Idee gekommen, dass das etwas mit meinem Essen zu tun haben könnte. Ich aß damals alles, was mir in die Quere kam und was mir schmeckte.

Es gibt so viele Ernährungsrichtungen, die den Markt bevölkern, dass es schwierig ist zu entscheiden, was richtig oder falsch ist. Erinnerst du dich vielleicht noch an Fit for Life? Die wichtigste Empfehlung dabei war, morgens als Erstes einen Obstsalat zu essen. An einem kalten Wintertag saß ich also vor meiner Schale Obst ... Brrr ... Ich muss gestehen, das habe ich nur einmal probiert. Es kam mir komisch vor, außerdem habe ich furchtbar gefroren. Später habe ich mal versucht, ausschließlich Rohkost zu mir zu nehmen. Das habe ich etwa einen halben Tag durchgehalten. Ich konnte das Essen nicht verdauen, also war es wertlos für mich.

Der Mensch ein Teil der Natur?

Du hast sicher schon gespürt, welchen Einfluss die Natur auf dich hat: Im Frühling und Sommer bist du voller Tatendrang und möchtest dich am liebsten draußen bewegen. Kaum wird es Herbst und somit dunkler, wächst das Bedürfnis nach mehr Ruhe und gemütlichen Stunden zu Hause.

Eine Krankheit ist immer ein Zeichen dafür, dass wir uns von der Natur – unserer eigenen und der Natur um uns herum, deren Teil wir sind – entfernt haben. Unsere Verbindung mit der Natur ist die Nahrung – unser tägliches Essen. Mit dem täglichen Essen nehmen wir Einfluss auf unser körperliches und seelisches Wohlbefinden. Und wir nehmen Einfluss darauf, ob wir uns in der jeweiligen Jahreszeit wohlfühlen. Je mehr wir berücksichtigen, was uns natürlicherweise geboten wird, und der Jahreszeit entsprechend kochen, desto mehr können wir mit der Natur mitschwingen und uns den klimatischen Bedingungen anpassen.

Das heißt natürlich nicht, dass du ab sofort den Winter, nasskaltes Wetter oder schwüle Sommertage lieben wirst. Es könnte aber bedeuten, dass du körperlich nicht mehr so stark unter den klimatischen Bedingungen leidest, einfach, weil du nicht mehr so stark frierst oder bei ein bisschen Wärme draußen nicht anfängst fürchterlich zu schwitzen und dich unwohl fühlst. Es könnte auch passieren, dass langwierige Erkältungen im Herbst der Vergangenheit angehören oder milder ausfallen und rheumatische

Schübe in den jahreszeitlichen Übergängen sanfter verlaufen.

Was bedeutet Essen im Einklang mit den Jahreszeiten?

Oft essen wir instinktiv Speisen, die der Jahreszeit angepasst sind. Oder trinkst du im Sommer Glühwein und isst ausschließlich bei Niedrigtemperatur im Ofen gebackenes Lammfleisch? Dann könntest du die Wärme des Sommers sicher nicht mehr gut aushalten. Oder stell dir vor, du isst im Frühling überwiegend fettige salzige Speisen, viel Wurst und Gerichte mit Knoblauch. Das würde dir ziemlich auf die Leber schlagen, die auf zu viel erhitzende und zusammenziehende Speisen in dieser Jahreszeit mit Anspannung reagiert.

Typische Folgen können Gereiztheit, Wutausbrüche, schlechte Laune, Depressionen und Niedergeschlagenheit sein. Aber auch rheumatische Schübe und das Gefühl von Unbehaglichkeit im eigenen Körper, z. B. Migräne, Allergien, Kopfschmerzen und Muskelverspannungen, können Thema werden. Wenn wir aber auf die jeweilige Jahreszeit und auf unseren eigenen Zustand Rücksicht nehmen, können wir Frühling, Sommer, Herbst und Winter überwiegend als harmonisch erleben.

Essen im Frühling

Die Natur erwacht aus dem Winterschlaf und alles drängt nun nach oben und außen. Wir können das auch an uns beobachten: Wir sind jetzt unternehmenslustig und stecken voller Tatendrang. Diese Energie können wir mit unserem Essen unterstützen. Zubereitungen mit Wildkräutern wie Brennnesseltee oder -suppe, Löwenzahntee oder -salat, Gerstentee (Seite 151), knackigen, kurz gekochten Gemüsesorten und Sprossen helfen uns in dieser Zeit, den Körper sanft zu reinigen. Typische Frühlingsgemüse sind Mairübchen, Sprossen, junge grüne Blattgemüse, Wildkräuter, Frühlingszwiebeln und Bärlauch. Die Süße im Essen, die wir in dieser Zeit gut gebrauchen können, weil die Leber gerade im Frühling zur Anspannung neigt, holen wir uns über süße Lagergemüse wie Kürbis, Möhren, Süßkartoffeln, Rote Bete und Sellerie – abwechslungsreich zubereitet z. B. als Sellerieschnitzel (Seite 94) oder Mixed Pickles (Seite 123).

Ein kleines bisschen scharfer Geschmack ist ebenfalls wohltuend und unterstützt die Bewegungsrichtung, die im Frühling nach oben und außen geht – in der Natur genauso wie in uns. Meerrettich, Kresse, Senfsprossen, Radieschensprossen, Rucola, Ingwer, Schnittlauch und Majoran kannst du ganz nach deinem eigenen Geschmack einsetzen. Der saure Geschmack in kleinen Mengen stimuliert die Leber.

Essen im Hochsommer

Der Hochsommer ist für viele Menschen die schönste Zeit des Jahres. Mit Glück erleben wir Wärme und reichlich Sonne, die uns für die lange Phase der Dunkelheit und Kälte entschädigt. Alles drängt kraftvoll nach außen – in uns genauso wie in der Natur. Wir treffen uns mit Freunden, feiern Partys, grillen, sind lauter als sonst, lachen, schwatzen und genießen die langen Tage.

In einem warmen Sommer steht uns manchmal nicht der Sinn danach zu kochen. Und richtig, viele Menschen kommen jetzt mit weniger aus oder denken, sie brauchen kaum etwas zu essen. Ich möchte dir ans Herz legen, trotzdem regelmäßig für dich zu kochen. Du bist dann weniger anfällig für die typische Sommergrippe oder Darmerkrankungen, die durch Kälte im Bauch begünstigt werden. Durch konstantes und regelmäßiges Kochen und Essen stärkst du weiterhin deine Verdauung und nährst damit deine inneren Organe.

Gedünstetes Gemüse, Kochen im Wok und Gegrilltes kombiniert mit erfrischenden bunten Salaten sind typische Speisen im Sommer. Die Gemüsesorten sind bunt und variationsreich: Erbsen, Gurken, Spitzkohl, Batavia, Rotkohl, Endivien, Chinakohl, Eisbergsalat, Zucchini, Möhren, Blumenkohl, grüne Bohnen und Pilze. Auch frisches Obst hat der Sommer viel zu bieten, z. B. Himbeeren, Erdbeeren, Brombeeren, Kirschen, Blaubeeren, Johannisbeeren und Pfirsiche.

Gekochte Salate, z. B. Kidneybohnensalat, Stangenbohnensalat, Blattsalate, sanft abkühlende Tofugerichte, Fisch sowie Getreidesorten, z. B. Reis, Hirse, Quinoa, Polenta, und Obst sind in dieser Jahreszeit optimal. Wenn es sehr heiß ist, vermeide zu scharfes Anbraten.

Essen im Spätsommer

In der Natur wird es nun ruhiger. Kennst du die satte Wärme und die Stille, die sich an einem warmen Spätsommertag ausbreitet? Ich habe es einmal ganz deutlich in der Toskana erlebt. Traumhaft. Der Spätsommer ist die Zeit, in der alles zur Reife gelangt – die Zeit der Ernte. Gemüse schmeckt jetzt besonders süß. Erde dich durch süßliche Gemüsesorten und Getreide, z. B. Süßkartoffeln, Möhren, Steckrüben, Kürbis, Kohlrabi, Pastinaken, Mais, Fenchel, Brokkoli, Radieschen, Blumenkohl, süßen Reis, Vollkornreis, Hirse, Polenta und Amaranth.

Die Süße des Gemüses kannst du durch langes Schmoren fördern. Dünsten und Dämpfen sind ebenso empfehlenswerte Kochmethoden. Bei warmem Wetter sind Salate und Rohkost weiterhin eine gute Beilage.

Essen im Herbst

Es wird wieder kälter und feuchter. Die Säfte in der Natur ziehen sich zurück, was wir an den Bäumen sehen, die jetzt ihre Blätter verlieren. Bei uns Menschen ist es ähnlich und wir bemerken es vielleicht daran, dass unsere Haut und unsere Haare trockener werden. Mit Gemüsesuppen, saftigen Kompotten, gedünstetem Gemüse und gekochtem Getreide nähren wir unsere Körpersäfte.

Mit herzhaften und wärmenden Gerichten wie lange gekochtem Haferbrei oder Geschmortem aus dem Ofen wappnen wir uns gegen die Kälte und stärken damit unser Immunsystem. Du kannst jetzt auch etwas kräftiger würzen. Typische Herbstgemüse sind Lauch, Zwiebeln, Rettich, Weißkohl, Rosenkohl, Rotkohl, Kürbis, Feldsalat, Chicorée, Zwetschen, Birnen, Äpfel, Brombeeren. Rohkost solltest du nur noch in sehr kleinen Mengen essen.

Essen im Winter

Nun wird es richtig kalt und die Energie geht nun noch weiter in die Tiefe. In dieser Jahreszeit haben wir das Bedürfnis, mehr zu essen, und vertragen es normalerweise auch gut, weil unsere Verdauungskraft in dieser Zeit robuster ist. Mit einem ruhigen Lebensstil und nahrhaften Gerichten mit mehr Fett und Eiweiß können wir in dieser Phase Kraft tanken und damit eine gute Grundlage für das ganze Jahr schaffen.

Kraftsuppen, Ofengerichte, Überbackenes, lang gekochte Eintöpfe, Hülsenfrüchte, Fisch, eventuell kleine Mengen Fleisch, Vollkornreis, Hafer und Walnüsse sind jetzt ideal. Dazu passen Gemüsesorten wie Kürbis, Klettenwurzel, Schwarzwurzel, Grünkohl, Lauch, Petersilienwurzel, Pastinaken, Steckrüben, Rosenkohl, Wirsing, Spitzkohl, Chicorée sowie Endiviensalat und Feldsalat. Rohkost solltest du allerdings in der kalten Jahreszeit möglichst wenig essen, damit du nicht auskühlst.

Natürlich musst du dich jetzt nicht immer ganz dogmatisch an saisonale Gerichte halten. Es kann durchaus eine willkommene Abwechslung sein, auch mal etwas außerhalb der Saison zu essen oder zu kochen. Das sollte allerdings bewusst geschehen. Wenn du überwiegend saisonal kochst und isst, wirst du auch keine Probleme damit haben.

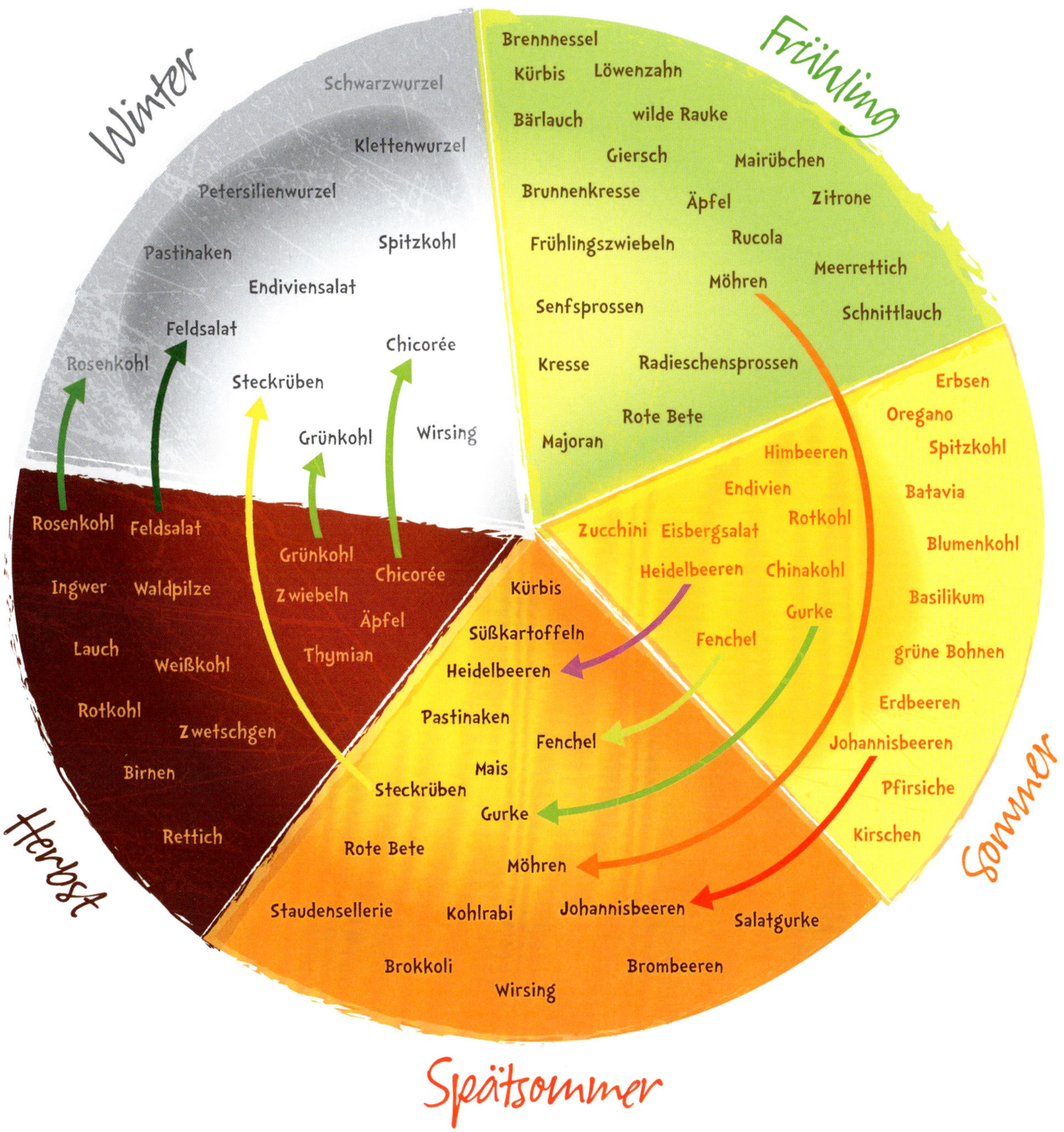
Winter
Schwarzwurzel
Klettenwurzel
Petersilienwurzel
Spitzkohl
Pastinaken
Endiviensalat
Feldsalat
Chicorée
Rosenkohl
Steckrüben
Grünkohl
Wirsing
Frühling
Brennnessel
Kürbis
Löwenzahn
Bärlauch
wilde Rauke
Giersch
Mairübchen
Brunnenkresse
Äpfel
Zitrone
Frühlingszwiebeln
Rucola
Meerrettich
Möhren
Senfsprossen
Schnittlauch
Kresse
Radieschensprossen
Rote Bete
Majoran
Sommer
Erbsen
Oregano
Spitzkohl
Himbeeren
Endivien
Batavia
Rotkohl
Zucchini
Eisbergsalat
Blumenkohl
Heidelbeeren
Chinakohl
Basilikum
Gurke
Fenchel
grüne Bohnen
Erdbeeren
Johannisbeeren
Pfirsiche
Kirschen
Herbst
Rosenkohl
Feldsalat
Grünkohl
Chicorée
Ingwer
Waldpilze
Zwiebeln
Äpfel
Lauch
Weißkohl
Thymian
Rotkohl
Zwetschgen
Birnen
Rettich
Spätsommer
Kürbis
Süßkartoffeln
Heidelbeeren
Pastinaken
Fenchel
Mais
Steckrüben
Gurke
Rote Bete
Möhren
Staudensellerie
Kohlrabi
Johannisbeeren
Salatgurke
Brokkoli
Wirsing
Brombeeren

Lebensmittel, die du besser meiden solltest

Bist du dir unsicher, was deinem Körper guttut und was nicht? Das ging mir früher genauso! In diesem Kapitel erkläre ich dir, welche Nahrungsmittel du bei chronischen Gelenkerkrankungen besser meiden solltest und wie du sie ggf. ersetzen kannst.

Wenn du Schmerz empfindest, zeigt dir dein Körper, dass etwas nicht stimmt. Es kann sein, dass du über einen längeren oder sogar langen Zeitraum auf viele Lebensmittel sehr empfindlich reagierst. Wenn du bestimmte Lebensmittel für einen gewissen Zeitraum einfach einmal weglässt, wirst du merken, was dir bekommt und was nicht. Und mit der Zeit wirst du auch herausfinden, was du in welchen Maßen essen kannst. Das Spannende auf dieser Entdeckungsreise ist, dass du durch die Hinwendung zu natürlichen Lebensmitteln relativ schnell merkst, was dir bekommt und was nicht – manchmal schon direkt nach dem Essen. Achte auf deinen Körper und horche in dich hinein!

Fertigprodukte – lieber nicht!

Fertigprodukte sind bei chronischen Entzündungen mit Vorsicht zu genießen, weil sie in der Regel zu viel Salz, Fett und Zucker enthalten. Hinzu kommen Zusatzstoffe, die das Produkt haltbarer und schmackhafter machen. Die Verbraucherzentrale Hamburg hat selbst gekochte Gerichte mit Fertiggerichten verglichen und dabei festgestellt, dass Fertiggerichte um 184 % teurer sind als selbst gekochte. Vergiss am besten im Supermarkt gekaufte fertige Gerichte oder lies die Zutatenliste sehr genau.

So liest du ein Etikett

Wenn du dir ein Glas, eine Tüte oder eine Dose anschaust, findest du auf der Rückseite die Zutatenliste und die Nährwerttabelle. Die Zutatenliste gibt an, was in dem Produkt alles enthalten ist. In der Nährwerttabelle wird dagegen angegeben, wie viel Fett, gesättigte Fettsäuren, Kohlenhydrate, Zucker, Eiweiß und Salz das Nahrungsmittel pro 100 g bzw. 100 ml enthält.

Ich lese mir immer die Zutatenliste genau durch. Mich interessiert dabei besonders, ob Zucker oder Zusatzstoffe wie Konservierungsstoffe enthalten sind. Wenn in der Zutatenliste kein Zucker aufgeführt ist, in der Nährwerttabelle aber dennoch Zucker genannt wird, heißt das, dass Zucker natürlicherweise in diesem Nahrungsmittel vorkommt, z. B. Stärke in Nudeln oder Hülsenfrüchten.

Milchprodukte

Durch die Entwicklung von Kühlregalen und Kühlschränken konnte die Milchindustrie gigantisch wachsen und die Regale in den Supermärkten mit einem variationsreichen Angebot füllen. Paradiesische Zustände! Wenn viel da ist, wird auch viel gegessen. Dieses Riesenangebot gab es zu Zeiten unserer Großeltern noch nicht, es wurde erst durch die Kühlung machbar. Auch war Milch damals nicht so stark verarbeitet wie heute. Im Gegensatz zu unseren Groß- oder Urgroßeltern, die Milchprodukte in kleinen Mengen gegessen und teilweise sogar zu Hause selbst hergestellt haben, z. B. Joghurt, essen wir heute viel zu viele Milcherzeugnisse wie Käse, Quark, verschiedene Milchsorten und Eiscreme.

Auch ich habe immer gern viel Käse gegessen. Käse schmeckt gut, macht lange satt und ein Käsebrot ist schnell gemacht. Auch Joghurt mit den verschiedenen Früchten war für mich ein großer Genuss. Deshalb standen bei mir regelmäßig die verschiedenen Joghurtsorten auf dem Frühstückstisch und auch für eine Zwischenmahlzeit war Joghurt toll. Meistens habe ich eine große Portion davon gegessen, denn es ist – wie du vielleicht auch hin und wieder erlebt hast – nicht so einfach, von einem 500-g-Becher leckeren Joghurt nur eine kleine Menge zu essen.

Und was ist mit Kalzium?

Mir wurde früher immer gesagt, dass Milch sehr wichtig für die Knochen sei. Doch stimmt das? Ist Milch wirklich eine so gute Kalziumquelle? Eins ist klar: Milch enthält Kalzium – im Vergleich zu anderen Lebensmitteln aber nicht unbedingt viel (siehe die folgende Tabelle, Seite 36). Und kommt das Kalzium, das wir über die Milch aufnehmen, überhaupt dort an, wo es ankommen soll – also in den Knochen? Dazu gibt es widersprüchliche Meinungen. Die Stimme, die dir sagt, du brauchst unbedingt Milch bzw. Milchprodukte, sonst bekommst du poröse Knochen, kennen wir bereits. Die Industrie erzählt es uns und auch viele Ärzte raten, zur Vorbeugung gegen Osteoporose regelmäßig Käse, Joghurt und Quark zu essen.

Andere Stimmen wiederum warnen vor einem übermäßigen Genuss von Milchprodukten. Maria Rollinger sagt im Buch »Tomatenrot & Drachengrün« von Dr. med. Susanne Bihlmaier dazu: »Der Verzehr von eiweißhaltigen Lebensmitteln wie Wurst, Käse und anderen Milchprodukten ist in den letzten Jahrzehnten enorm gestiegen. Ein Eiweißüberschuss kann im Körper nicht gespeichert werden. Beim Abbau von zu viel Eiweiß entstehen Säuren, die wiederum vom Körper ausgeglichen werden müssen. Für den Körper ist es das Einfachste, hierfür das Kalzium aus den Knochen zu lösen. Das Kalzium, was wir so dringend brauchen, wird also aus den Knochen gezogen. Das führt zu einer Entleerung des Knochens.« Und Dr. Renate Collier schreibt in ihrem Buch »Milchallergie – die unterschätzte Gefahr«: »Behandelte Milch (pasteurisiert, homogenisiert) kann nicht im Dünndarm aufgenommen werden. Deshalb ›rutscht‹ sie weiter in den Dickdarm. Dort bleibt sie für längere Zeit bei 37 Grad Körpertemperatur liegen wie ein ›Paket‹ und wird langsam von Fäulnisbakterien zersetzt.« Diese Fäulnisgase steigen nach oben und belasten unsere Leber. Das ist besonders für Menschen mit Autoimmunerkrankungen äußerst ungünstig.

Es gilt auch noch zu bedenken, dass sich die Kuh von heute kaum noch auf der Weide aufhält, um dort Gras und Wiesenkräuter zu fressen, sondern im Stall mit Getreide, Mais und Soja gefüttert wird. Dies bringt ihren Stoffwechsel so durcheinander, dass sie zu Krankheiten neigt, die wiederum mit Antibiotika behandelt werden müssen.

Auffällig finde ich, dass die Osteoporoserate vor allem in den westlichen Ländern besonders hoch ist,

z. B. in Skandinavien, den USA, Deutschland, Holland. In Indien, Indonesien, China, Vietnam und Japan, wo traditionell kaum bis gar keine Milchprodukte gegessen wurden, gab es bisher die gefürchtete Osteoporose nur selten bis gar nicht.

Wann solltest du besser auf Milch verzichten?

Bei folgenden Symptomen solltest du besser auf Milch verzichten: Blähungen, einer verschleimten Nase, Nebenhöhlenentzündungen, Bronchitis, häufigen Erkältungen, Akne, Mittelohrentzündungen, Migräne und eben auch bei Gelenkentzündungen.

In der Schulmedizin werden Milchprodukte bei Gicht allerdings positiv bewertet, da sie harnsäuresenkend wirken. Vielen Menschen mit Autoimmunerkrankungen geht es jedoch oft wesentlich besser, wenn sie Milchprodukte weglassen oder zumindest stark reduzieren. Dass das nicht so einfach ist, weiß ich aus eigener Erfahrung. Mein schlechter Gesundheitszustand damals war aber ein starker Antrieb für einschneidende Veränderungen. Auf Milchprodukte zu verzichten, ist mir nicht leichtgefallen, aber es hat sich gelohnt.

Mit den vielen Rezepten in diesem Buch und mit viel Geduld mit dir selbst kannst du ebenfalls gute Resultate erzielen. Es kann sein, dass du dich schnell geistig klarer fühlst, weniger unter Erkältungen leidest, ein besseres Hautbild bekommst und weniger Schmerzen hast. Das wäre doch ein echtes Argument dafür, weniger Milchprodukte zu verzehren, oder?

Wenn du in der Übergangsphase noch Milchprodukte und Milch zu dir nehmen möchtest, dann orientiere dich an einer sehr guten Qualität: biologisch, soweit es geht, unbehandelt, ohne Zucker und möglichst in kleinen Mengen. Für mich selbst war es das Einfachste, gar nichts Milchhaltiges mehr zu mir zu nehmen. Mittlerweile vertrage ich wieder eine kleine Menge Käse (manchmal zum Frühstück) und auch Butter auf dem Brot. Butter ist insofern eine Ausnahme, als Butter überwiegend aus Milchfett besteht und nicht aus Milcheiweiß.

Hast du die Befürchtung, nicht genug Kalzium zu bekommen? Hier kannst du dir ein Bild davon machen, wie viel Kalzium in bestimmten Lebensmitteln enthalten ist:

In welchen Lebensmitteln ist wie viel Kalzium enthalten?

Lebensmittel	pro 100 g enthaltenes Kalzium:
H-Milch	100 mg
Kuhmilch	120 mg
Nüsse	2 500 mg
Hagebutten	510 mg
Brennnesseln	360 mg
Löwenzahn	160 mg
Feigen	180 mg
Grünkohl	220 mg
Schwarzkohl	212 mg
Spinat	130 mg
Sesam	785 mg
Brokkoli	60 mg
Hijikialge	939 mg

Die von mir vorgestellte Ernährung orientiert sich an traditionellen Ernährungsformen und nimmt regelmäßig grünes Gemüse, Sesam und in kleinen Mengen Meeresalgen in den Speiseplan auf. So kannst du ganz unkompliziert deinen täglichen Kalziumbedarf decken.

Alternativen zu Milchprodukten

Wenn du nicht auf Milch oder Sahne verzichten möchtest, kannst du auf pflanzliche Alternativen aus Hafer, Reis, Hirse, Dinkel, Kokos und Mandeln ausweichen. Achte darauf, dass kein Zucker zugesetzt wurde.

Nachtschattengewächse

Nachtschattengewächse – was sind das überhaupt? Der Name wurde abgeleitet von einer Pflanze, die »Schwarzer Nachtschatten« oder auch »Nachtschaden« genannt wurde. Ihr botanischer Gattungsname lautet »Solanum«. Wahrscheinlich stammt der Name »Nachtschatten« noch aus der Zeit des Mittelalters. Die Pflanze wurde damals unter anderem gegen nächtliche Alpträume eingesetzt. »Nachtschaden« heißt sie vermutlich auch deshalb, weil sie nachts einen besonders starken Duft ausströmt, der Kopfschmerzen auslösen kann. Die in den Blättern, dem Stängel und den unreifen Beeren enthaltenen Alkaloide machen die Pflanze sehr giftig.

Kartoffeln, Auberginen, Tomaten, Paprika und Tabak gehören auch zu der Gattung der Nachtschattengewächse. Sie enthalten ebenfalls Alkaloide – das sogenannte Solanin. Diese Gemüsesorten können Menschen mit Autoimmunerkrankungen schwer zu schaffen machen, zu Gelenkschmerzen und Steifheit führen. Nachtschattengewächse enthalten auch geringe Mengen an Nicotin und Capsaicin. Capsaicin finden wir auch in Chili. Dieser löst den Schärfereiz aus und dient als natürlicher Entzündungshemmer. Ein geschwächter Organismus kann durch diese Stoffe weiter geschwächt werden.

Pfeffer gehört nicht zu den Nachtschattengewächsen, kann aber ebenfalls entzündungsfördernd wirken. Wegen dieser »Nebenwirkungen« findest du in meinen Rezepten weder Chili noch Pfeffer. Mit Ingwer und Meerrettich kannst du dir aber eine milde Schärfe ins Essen zaubern, die dir sicher nicht schadet.

Nun bist du vielleicht traurig, weil du gerade diese Gemüsesorten und Gewürze so gerne magst. Falls du gar nicht darauf verzichten möchtest, gibt es eine Möglichkeit, sie genießbarer zu machen: indem du sie backst. Kartoffeln sind geschält, gebacken und gesalzen viel bekömmlicher. Genauso Tomaten und Paprika oder Aubergine – am besten ohne Haut als Antipasti. Sei bitte trotzdem vorsichtig, wenn du starke Schmerzen hast und dir nicht wirklich sicher bist, ob du diese Gemüsesorten verträgst.

Wenn du allerdings ganz sichergehen möchtest, lasse Nachtschattengewächse eine Weile lang konsequent weg. Dr. Susan Blum empfiehlt in ihrem Buch »Autoimmunerkrankungen erfolgreich behandeln« im Zug einer Eliminationsdiät, für mindestens sechs Monate konsequent auf Nachtschattengewächse zu verzichten. Danach werden sie wieder eingeführt und genau beobachtet, wie sie im Körper wirken. Einige Menschen reagieren sehr

So kannst du Nachtschattengewächse ersetzen

- Kartoffeln ersetzen durch Pastinaken, Süßkartoffeln
- Tomaten ersetzen durch Rote Bete, Möhren
- Paprika ersetzen durch Staudensellerie, Radieschen
- Auberginen ersetzen durch Zucchini
- Chili/Pfeffer ersetzen durch Ingwer, Meerrettich, Wasabi

stark auf Nachtschattengewächse, andere Menschen können sie in kleinen Mengen vertragen. Allerdings lassen sich Nachtschattengewächse gut durch andere Gemüsesorten ersetzen (siehe Box Seite 37).

»Kartoffelstampf« kannst du durch Hirsestampf (Seite 87) oder Gemüsestampf wie Süßkartoffel-, Pastinaken- oder Kürbisstampf ersetzen. Für die Kräftigung deines Körpers, insbesondere des Darms, empfehle ich dir, gute Getreidesorten mit einzubeziehen, z. B. Reis, Hirse, Quinoa, Gerste, Amaranth. Wie du diese zubereitest, findest du ausführlich weiter hinten im Buch (ab Seite 127) beschrieben. Auch auf Ketchup (Seite 130) musst du nicht verzichten.

Tierische Lebensmittel

Der Genuss von zu viel tierischen Lebensmitteln wie Eiern, Fleisch und Käse ist ungünstig für Menschen mit rheumatoider Arthritis und Arthrose, weil in tierischen Lebensmitteln Arachidonsäure enthalten ist, die den Körper dazu anregt, entzündungsfördernde Botenstoffe zu bilden.

So langsam wirst du dich sicher fragen: Was kann ich eigentlich noch essen? Es mag dir so vorkommen, als wenn da nichts mehr übrig bliebe. Aber »ruhig Blut«, es gibt eine ganze Menge, was du essen kannst. Und wenn du dich erst einmal lieber damit beschäftigen möchtest, blättere direkt zum Rezeptteil (Seite 46). Dort findest du eine ganz lange Liste mit allen empfehlenswerten Gemüsesorten, Proteinquellen, Getreidesorten und Ölen, die deinen Körper nähren, ihm guttun und dir sogar ganz gezielt bei der Entgiftung helfen.

Rauchen und Gelenkerkrankungen

Dass Rauchen nicht wirklich gesund ist, ist sicherlich jedem klar. Aber wusstest du, dass rheumatoide Arthritis durch Rauchen ausgelöst werden kann? Der Grund dafür ist einfach: Schadstoffe im Tabak schädigen nicht nur die Lunge, sondern verändern auch Eiweiße im Gewebe und werden von unserem Immunsystem deshalb als Fremdkörper angesehen, die mit CCP-Antikörpern bekämpft werden.

Deshalb sind die Verlaufsformen von rheumatoider Arthritis bei Rauchern im Vergleich zu Nichtrauchern wesentlich aggressiver. In einer schwedischen Studie wurde entdeckt, dass die CCP-Antikörper bei Rauchern um 30 % höher sind als bei Menschen, die nicht rauchen. CCP-Antikörper richten sich aktiv gegen bestimmte Eiweiße in der Gelenkflüssigkeit und können schon 10 Jahre vor Ausbruch von Rheuma bei Rauchern im Blut festgestellt werden. Außerdem verengen sich die Blutgefäße beim Rauchen und die Blutversorgung der Gelenke ist nicht mehr gegeben, was wiederum die Regeneration behindert. Das muss mit entsprechend mehr Medikamenten ausgeglichen werden.

Das ist doch ein echter Grund, mit dem Rauchen aufzuhören, oder? Mir ist es mit viel Geduld schließlich gelungen, nach vielen Raucherjahren komplett auf das Rauchen zu verzichten. Seitdem geht es mir deutlich besser. Raucherentwöhnungsmethoden gibt es viele, z. B. Hypnose und Akupunktur.

Was ist Arachidonsäure?

Arachidonsäure ist eine mehrfach ungesättigte Fettsäure und wird in geringen Mengen aus der lebensnotwendigen Linolsäure gebildet, die wir mit pflanzlichen Ölen und Fetten aufnehmen. Sie ist eine der drei Omega-6-Fettsäure: Linolsäure, Gamma-Linolensäure und Arachidonsäure.

Arachidonsäure ist ein Bestandteil der Zellmembran. Aus ihr werden Gewebshormone – sogenannte Eicosanoide – gebaut, die wiederum freie Radikale zur Abwehr schädlicher Substanzen produzieren. Dadurch fördern sie entzündliche Prozesse im Körper und wirken gefäßverengend.

Arachidonsäure finden wir überwiegend in tierischen Produkten, z. B. tierischen Fetten, Innereien, Eiern – vor allem in Eigelb und Milchfett. Menschen, die an Arthrose und Rheuma leiden, wird deshalb empfohlen, weniger tierische Produkte zu essen. Das wird auch bei Gicht dringend empfohlen, hat allerdings hier mit dem Puringehalt von Fleisch und Fisch, vor allem der Haut, zu tun.

Die Omega-6-Fettsäuren sind trotzdem wichtig. Sie sind essentiell, d. h., sie können vom Körper nicht selbst hergestellt werden. Leider nehmen wir sie aber mittlerweile in zu hohem Maße zu uns. Ein zu hoher Anteil von Omega-6-Fettsäuren verstärkt Entzündungen, Herzerkrankungen und Bluthochdruck. Gegenspieler der Omega-6-Fettsäuren sind die Omega-3-Fettsäuren, die wiederum entzündungshemmend wirken.

Das ideale Verhältnis von Omega-6- zu Omega-3-Fettsäuren sollte bei ca. 5:1 oder 3:1 liegen. Tatsächlich nehmen die meisten von uns aber durchschnittlich 8-mal mehr Omega-6- als Omega-3-Fettsäuren auf. Dadurch ist der Anteil der Omega-6-Fettsäuren bei vielen Menschen zu hoch.

Wie kommen wir in den empfohlenen Bereich von 5:1?

Eigentlich ist das ganz einfach: Du musst nur den Verzehr von Lebensmitteln, die viel Omega-6-Fettsäuren enthalten, reduzieren und den Verzehr von Lebensmitteln, die viel Omega-3-Fettsäuren enthalten, erhöhen. Reduziere also Produkte wie Eier, Fleisch und Milchprodukte – vor allem aus der Produktion von Mastbetrieben. Fertigprodukte, die oft mit schlechten Fetten hergestellt werden, solltest du vermeiden.

Dafür möchte ich dir Fisch empfehlen, denn Fische wie Lachs, Sardellen, Sardinen, Hering, Makrele, Regenbogenforelle und Schwertfisch enthalten viele Omega-3-Fettsäuren, die entzündungshemmend wirken. Thunfisch, Seezunge, Heilbutt, Schellfisch und Kabeljau enthalten weniger Omega-3-Fettsäuren. Ein- bis zweimal die Woche Fisch reicht. Wenn du Gicht hast, lautet die Empfehlung etwas anders (Seite 173). Schalentiere wie Muscheln, Shrimps und Austern enthalten grundsätzlich weniger Omega-3-Fettsäuren und werden oft auch nicht so gut vertragen. Menschen mit Gicht sollten auf Krustentiere komplett verzichten. Weitere Quellen für Omega-3-Fettsäuren sind Leinöl, Walnussöl und dunkelgrünes Blattgemüse.

Wenn du doch einmal Fleisch essen möchtest, achte darauf, dass du Fleisch von Weidetieren isst, da diese Tiere Gras gefressen haben, das Omega-3-Fettsäuren enthält. Wenn du dann noch auf die Zubereitung achtest, scharfes Anbraten vermeidest und mild würzt, könntest du das Fleisch insgesamt gut vertragen. Eine Suppe mit Fleischeinlage und viel Gemüse, eine sogenannte Kraftbrühe (Seite 81), kannst du dir machen, falls du zwischendurch den kräftigen Geschmack von Fleisch brauchst. Sei jedoch vorsichtig mit Fleisch bei Gicht.

Von Wurst möchte ich dir komplett abraten. Zu viel Salz, Fett, Gewürze und evtl. noch Konservierungsstoffe machen sie zu einem bei Gelenkproblemen

Schlingst du noch? Oder kaust du schon?

Nachdem wir unser Essen gekocht und damit die Inhaltsstoffe schon gut für die Verdauung vorbereitet haben, ist noch eine zweite Sache immens wichtig: das Kauen. Dabei zerkleinern wir die Nahrungsmittel und erleichtern so dem Darm die Arbeit.

Ein wichtiger Teil der Verdauung findet schon im Mund statt und je gründlicher wir kauen, desto leichter machen wir es Magen und Dünndarm, aus der Nahrung die wertvollen Inhaltsstoffe zu extrahieren und umzuwandeln. Beim Kauen werden wertvolle Stoffe zerlegt. Dazu gehört das Ptyalin. Mit Ptyalin werden die komplexen Kohlenhydrate in Glukose abgebaut, die u. a. für das Gehirn benötigt wird. Wenn wir nicht gut kauen, gelangen Reis, Brot oder Nudeln in größeren Stücken in den Magen, von wo sie dann in den Dünndarm weiterbefördert werden, um dort mühsam aufgespalten zu werden. Ich habe einige Male erlebt, dass ich Vollkornreis oder Brot zu schnell heruntergeschluckt habe. Es fühlte sich an, als hätte ich Klumpen im Magen. Gutes Kauen ist also eine Art Vorverdauung, die unserer Milz, dem Magen, der Bauchspeicheldrüse und dem Dünndarm die weitere Verdauung der Nahrung erleichtern.

Die drei Geschmäcker

Hast du das auch schon mal erlebt? Während du gründlich kaust und dann wirklich schmeckst, bemerkst du, dass du etwas »Leeres« isst, das dich nicht nährt.

Es gibt drei Geschmäcker – den Anfangs-, Mittel- und Endgeschmack – und auf den Endgeschmack kommt es an. Schmeckt etwas richtig gut oder möchtest du es lieber schnell herunterschlucken oder sogar ausspucken? Gutes Kauen kann dazu führen, dass dir bestimmte Zubereitungsarten und Gerichte nicht mehr so gut schmecken und du freiwillig auf bestimmte Speisen verzichtest.

Weitere Vorteile von gründlichem Kauen

Wenn du dir Zeit nimmst, jeden Bissen gut zu kauen, wirst du schneller und auch länger satt sein. Das Essen kommt dann wirklich im Körper an. Dadurch brauchst du auf Dauer nur noch kleinere Mengen an Nahrung und könntest mit intensiven Kauen sogar das Abnehmen unterstützen.

Wenn wir lange kauen, werden unsere Zähne und das Zahnfleisch gestärkt. Beim Kauen wird Speichel gebildet, der die Zähne umspült. Speichel enthält Kalzium und Kalium, beides wirkt desinfizierend und sogar karieshemmend.

Kauen hat eine verjüngende Wirkung. Das liegt am Hormon Parotin, das von den Ohrspeicheldrüsen ge-

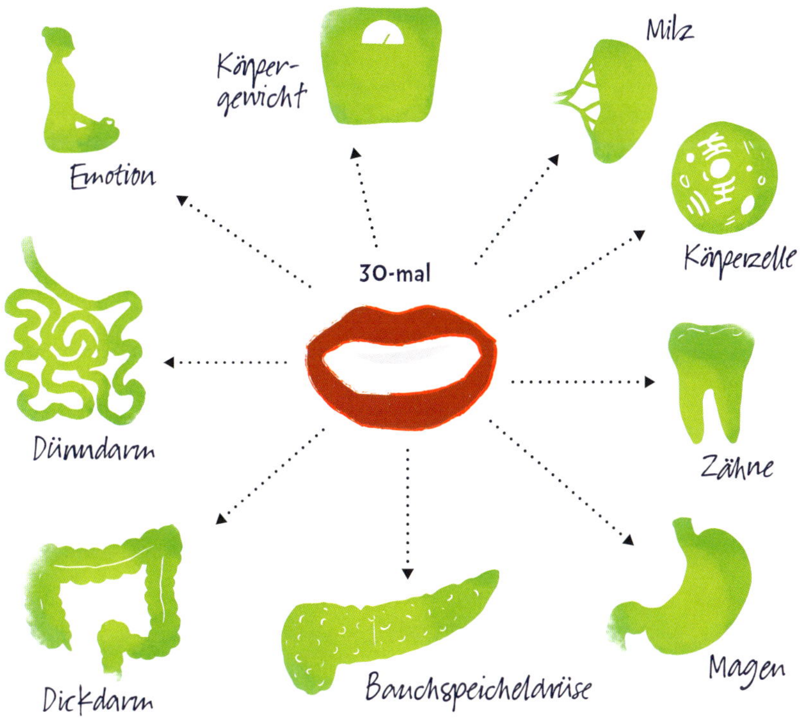

bildet wird. Wissenschaftler entdeckten, dass Parotin den Zellstoffwechsel anregt und eine Regeneration des ganzen Körpers bewirkt.

Da Krankheiten und Disbalancen im Körper auch etwas mit der Darmgesundheit zu tun haben, kann bewusstes Kauen eine wertvolle Hilfe leisten und Darmbeschwerden wie Blähungen, Entzündungen, Durchfall oder Verstopfung lindern. Schluckauf und Aufstoßen kannst du auch positiv beeinflussen.

Entspannung – allein durch 100-mal Kauen

Gründliches Kauen hat den schönen Effekt, dass sich der ganze Körper entspannt. Eine für mich erstaunliche und angenehme Erfahrung und ein einzigartiges Gefühl. Um diesen Effekt zu erzielen, musst du dir allerdings ein bisschen Zeit nehmen, vielleicht 20 Minuten. Wenn du nur 10 Minuten investieren möchtest, geht das auch. Kaue jeden Bissen mindestens 30-mal. Nach und nach kannst du es dann auf 100-mal Kauen ausweiten. Das ist gar nicht so einfach, weil wir dazu neigen, nach 3- oder 10-maligem Kauen den Bissen hinunterzuschlucken. Deshalb musst du dich ein bisschen anstrengen, den Bissen immer wieder durchzukauen. Es macht Spaß und ist ein Erlebnis, probiere es mal aus!

Ruhe sorgt für mehr Genuss

Die Milz liebt es, wenn du dich ganz auf dein Essen und den Essvorgang konzentrierst. Am besten genießt du deinen Mahlzeiten mit freundlichen Menschen, mit denen du über angenehme Dinge sprichst. Themen, bei denen es um Mord und Totschlag geht, solltest du dir für andere Gelegenheiten aufheben. Das ist nicht so leicht, ich weiß. Kinder, die Aufmerksamkeit brauchen, Smartphones, die uns nicht in Ruhe lassen, E-Mails, die gecheckt werden müssen, – es gibt so vieles, was uns wichtiger erscheint.

Aber du kannst das Kauen trainieren. Versuche immer mal wieder, fünf Minuten nicht zu sprechen, sondern jeden Bissen gründlich zu kauen, bevor du ihn hinunterschluckst. Ganz viel Spaß beim Entdecken dieser wundervollen Kraftquelle!

schlecht verträglichen Produkt. Du wirst es von ganz allein merken, wenn du eine Weile auf Wurst verzichtet hast. Vor allem für Menschen mit Gicht ist der Verzehr von Wurst absolut nicht ratsam, weil sich dadurch der Harnsäurespiegel erhöht.

Worin sind viele Omega-3-Fettsäuren enthalten? In Leinöl, Leinsamen, Walnussöl, Walnüssen, Chiasamen, Avocado, Olivenöl, grünem Gemüse, Mikroalgen, z. B. Chlorella und Spirulina.

Allerdings bringt es nichts, wenn du literweise Leinöl in dich hineinkippst, um mehr Omega-3-Fettsäuren aufzunehmen. Es reicht völlig aus, eine ganz normale Menge zu benutzen. Zum Salat reichen je nach Portion 1–2 EL Öl.

Am wichtigsten ist es am Anfang, dass du die oben genannten Lebensmittel weglässt und deine Ernährung so umstellst, dass du überwiegend pflanzliche Proteine, regelmäßig Fisch, reichlich Gemüse, kleine Mengen an Meeresalgen, Nüsse und Samen, etwas Obst, gute Speiseöle und vollwertiges Getreide in moderaten Mengen zu dir nimmst. Du wirst merken, dass deine höllischen Schmerzen immer mehr nachlassen werden. Meine himmlischen Rezepte helfen dir bei der Umstellung und bescheren dir immer wieder neue und überraschende Geschmackserlebnisse.

Darf ich Alkohol trinken?

Bei Arthrose, Gicht und rheumatoider Arthritis sind Bier, Wein, Sekt und Schnaps keine empfehlenswerten Genussmittel. Alkohol wirkt auf den ganzen Organismus. Entzündungen werden verstärkt, weil Alkohol wie Zucker wirkt. Wein z. B. besteht aus Zucker, Säure und Wasser. Besonders problematisch bei Gicht: Alkohol unterdrückt die Harnsäureausscheidung. Besser, du verzichtest darauf.

Und was ist mit Gluten?

Gluten ist ein Klebereiweiß, das dafür sorgt, dass Mehl bei der Verarbeitung zu einem klebrigen Teig wird. In meinen Seminaren tauchen immer wieder Frage nach Gluten auf: Ist es schädlich? Sollte ich besser darauf verzichten? Viele Menschen mit Rheuma und anderen Autoimmunerkrankungen verzichten auf Gluten. Einige haben großartige Erfolge damit: Gelenkentzündungen gehen zurück, manchmal sogar komplett und relativ schnell – andere wiederum bemerken keine Veränderung.

Ich selbst habe nie auf glutenhaltiges Getreide verzichtet. In den achtziger Jahren war es auch noch nicht bekannt, dass Gluten den Darm stören und Autoimmunentzündungen begünstigen kann. Seit meiner Umstellung auf eine vollwertige Ernährung stehen stark glutenhaltige Lebensmittel, also Weißmehlprodukte aus billigen Weizen, auch nicht mehr auf meinem Speiseplan. Gleichzeitig habe ich meinen Darm mit bestimmten Lebensmitteln, z. B. milchsauer vergorenem Gemüse (Sauerkraut, selbstgemachte Pickles) und Miso gestärkt und saniert. Du musst also nicht zwingend auf glutenhaltiges Getreide verzichten, wenn du unter schmerzenden Gelenkbeschwerden leidest.

Anders sieht es aus, wenn bei dir die Diagnose Zöliakie gestellt wurde. Dann musst du konsequent auf glutenhaltiges Getreide und seine Zubereitungen verzichten. Der Verzehr glutenhaltiger Nahrungsmittel führt sonst bei dir zu einer Entzündung der Darmschleimhaut und bestimmte Nährstoffe werden nicht mehr richtig aufgenommen. Dein Darm kann sich aber gut erholen, wenn du glutenhaltige Lebensmittel dauerhaft meidest.

Glutenhaltige Getreidesorten: Weizen, Dinkel, Roggen, Gerste, Grünkern, Hafer, Einkorn und Emmer.

Glutenfreie Getreide- und Pseudogetreidesorten: Hirse, Maismehl, Polenta, Reis, Wildreis, Buchweizen, Quinoa und Amaranth.

Mehle zum glutenfreien Backen: Mandelmehl, Kokosmehl, Maismehl, Reismehl, Buchweizenmehl und Teffmehl (Zwerghirse).

Viele meiner Rezepte sind glutenfrei. Im Laufe der letzten Jahre haben immer mehr Freunde und Familienmitglieder Probleme mit Gluten entwickelt, sodass ich mir neue Rezepte überlegen musste. Zu meiner Überraschung ist es gar nicht schwer und die Ergebnisse schmecken gut.

Hinweise zu Getreide- und Pseudogetreidesorten findest du im Exkurs »Gesunde kleine Körner« (Seite 50).

Glutentest

Wenn du herausbekommen möchtest, ob deine Gelenkentzündung mit einer Glutenunverträglichkeit zusammenhängt, meide Gluten strikt 4–6 Wochen lang und nimm es erst danach wieder zu dir. Ich habe von einigen Menschen gehört und gelesen, dass sich ihre Gelenkentzündung dabei komplett zurückgebildet hat. Es ist demnach einen Versuch wert.

Meine himmlischen Rezepte

Die Ernährung umzustellen ist nicht so einfach – das weiß ich aus eigener Erfahrung. Aber mit meinen himmlischen Rezepten gelingt dir das bestimmt – und deine höllischen Schmerzen werden bald Geschichte sein.

Lebensmittel, die dir guttun

Welche Lebensmittel sind für Menschen mit chronischen Gelenkerkrankungen besonders geeignet? Du wirst überrascht sein, wie vielfältig die Auswahl ist. Probiere ruhig auch einmal Ungewohntes aus und lerne ganz neue Geschmacksrichtungen kennen.

Hier stelle ich dir verschiedene Lebensmittel und Gewürze vor, die für uns, die wir an schmerzenden Gelenkerkrankungen leiden, besonders geeignet sind. Dabei findest du Altbekanntes ebenso wie Lebensmittel, von denen du vielleicht noch nie etwas gehört hast. Lass dich überraschen und ermutigen, auch mal Neues auszuprobieren. Außerdem erkläre ich dir hier verschiedene Zubereitungsarten, sodass du beim Kochen wirklich aus dem Vollen schöpfen kannst.

Grünes Gemüse

Wie wichtig ist grünes Gemüse für Menschen mit chronischen Gelenkerkrankungen? Es gibt darauf nur eine Antwort: super wichtig! Neben vielen Vitaminen, Kalzium, kleinen Mengen an Omega-3-Fettsäuren, Antioxidantien und Mineralstoffen enthält grünes Blattgemüse große Mengen an Chlorophyll. All das hilft dir dabei, die Leberfunktion zu verbessern und Blut zu bilden. Grünes Blattgemüse reinigt dein Blut und unterstützt die Nierenfunktion. Deshalb ist es so hilfreich, wenn du Medikamente nimmst.

Gewöhne dir an, jeden Tag mindestens einmal grünes Gemüse zu deinem Essen dazu zu essen. Es ist saftig und eine tolle Beilage zu allen Gerichten – bald willst du es nicht mehr missen!

Gut geeignete Gemüsesorten sind Pak Choi, Kohlrabiblätter, grüne Wildkräuter, Brokkoli, Wirsing, Spitzkohl, Grünkohl, Chinakohl und Wildkräuter, z. B. Brennnesseln, Giersch und Löwenzahn.

Zubereitungsarten für Gemüse

Durch die verschiedenen Zubereitungsarten wird das Gemüse bekömmlicher.

Blanchieren: Einen Topf zu ¾ mit Wasser füllen. Zum Kochen bringen, 1 Prise Salz und Gemüse in das sprudelnde Wasser geben. Nur so viel Gemüse dazugeben, dass das Wasser nicht aufhört zu kochen. Garen, bis das Gemüse weich ist, ca. 5–8 Min., je nach Gemüsesorte und -dicke. Wenn das Gemüse gar ist, aus dem Wasser heben und in einem Sieb abtropfen lassen.

Dämpfen: Dämpfsieb in einen Topf setzen. Falls du keins hast, kommt das Gemüse direkt ins Wasser. Wenig Wasser einfüllen, nur ca. 2 cm hoch. 1 Prise Salz hineingeben und Gemüse dazugeben. Wasser zum Kochen bringen und Gemüse darin so lange kochen, bis es gar ist. Je nach Sorte und Dicke 5–10 Min.

Braten: Öl in einer Pfanne erhitzen und vorbereitetes Gemüse hineingeben. Umrühren, damit nichts anbrennt. Evtl. einen Schuss Wasser dazugeben, damit das Gemüse gar wird. Abschmecken mit Salz, Sojasauce, Zitrone, etwas Umeboshi-Essig, Zitronensaft, frischen oder getrockneten Kräutern, z. B. Oregano, Basilikum, Petersilie.

Schmoren: Gemüse in relativ große Stücke schneiden und im eigenen Saft schmoren, wodurch es eine runde Süße entwickelt. Das Schmoren bringt Wärme in deinen Körper und der süße Geschmack entspannt.

Salate

Salate sorgen für Abwechslung auf dem Esstisch und haben eine erfrischende Wirkung, was an einem heißen Sommertag durchaus erwünscht ist. Bei kaltem, regnerischem Wetter haben wir dagegen meist weniger Appetit auf Salat und möchten lieber gekochtes Gemüse essen, oder?

Feldsalat: Er sieht nicht nur dekorativ aus, sondern versorgt uns mit seinem hohen Vitamin-C-Gehalt, den reichlich vorhandenen Mineralstoffen wie Kalzium, Magnesium und Eisen sowie mit wichtigen Nährstoffen, die gegen Erkältungen und Entzündungen wirksam sind. Folsäure ist ebenfalls reichlich vorhanden und spielt eine wichtige Rolle bei allen Wachstums- und Entwicklungsprozessen, vor allem bei der Bildung von Blut und Zellen.

Warum ist Salz so wichtig?

Gib beim Gemüsegaren immer eine Prise Salz dazu. Das ist wichtig, weil durch das Salz die Zellstruktur aufgebrochen wird und uns damit erst die Vitalstoffe aus dem Gemüse zur Verfügung stehen.

Radicchio macht deinen Teller bunt. Der bittere Geschmack regt die Produktion von Gallensäften und die Durchblutung der Verdauungsorgane an. Er enthält Vitamin C, Kalzium, Kalium, Eisen und dazu noch sekundäre Pflanzenstoffe, z. B. Anthozyane–Stoffe, die Pflanzen die intensive Färbung verleihen.

Endiviensalat enthält ebenfalls Bitterstoffe und zusätzlich noch eine große Menge an Beta-Karotin. Das ist besonders gut für die Haut und die Augen. Außerdem sind Kalium, Kalzium und das B-Vitamin Folsäure enthalten.

Chicorée enthält wie Radicchio und Endiviensalat den Bitterstoff Lactucopikrin. Dieser Stoff regt Galle und Bauchspeicheldrüse an, Enzyme und Verdauungssäfte zu produzieren. Auffallend ist sein hoher Gehalt an Inulin, einem Ballaststoff, der eine positive Wirkung auf die Zusammensetzung der Darmflora hat. Der Gehalt an den Vitaminen A, B_1, B_2 und C ist ebenfalls bemerkenswert. Chicorée kann roh, gekocht oder gebacken zubereitet werden.

Rucola: Wenn es um bittere Salate geht, darf Rucola nicht fehlen. Er lässt sich prima mit anderen Blattsalaten kombinieren. Bezüglich der Inhaltsstoffe ist er mit Feldsalat vergleichbar. Sein Vitamin-C-Gehalt übertrifft sogar den der Orange. Allerdings reichert sich in Rucola-Stängeln Nitrat an. Deshalb schneidest du sie besser ab. Übrigens enthält Bio-Rucola viel weniger Nitrat als konventionell angebauter.

Kopf- und Eisbergsalat sind ebenfalls appetitliche Beilagen, die ein Gericht zu einer Köstlichkeit machen können. In ihnen sind Folsäure, Vitamin C, Mineralstoffe, Ballaststoffe und wie in allem grünen Blattgemüse Chlorophyll enthalten. Die Nährstoffe konzentrieren sich besonders in den Außenblättern.

Öle zum Kochen, Braten und für den Salat

Nicht jedes Öl ist für alles gleich gut geeignet. Das klingt jetzt komplizierter, als es ist. Die Tabelle unten gibt dir eine gute Übersicht.

Wichtig: Öle sollten niemals so hoch erhitzt werden, dass sie anfangen zu rauchen, denn dabei entstehen Giftstoffe.

Ob ein Öl schnell anfängt zu rauchen, hängt davon ab, ob es überwiegend mehrfach ungesättigte Fettsäuren oder einfach ungesättigte Fettsäuren enthält. Öle mit mehrfach ungesättigten Fettsäuren sind kaltgepresste Öle, z. B. Leinöl, die lichtempfindlich sind, kühl und dunkel gelagert und möglichst nicht erhitzt werden sollten.

Fängt ein Öl an, sichtbar zu qualmen, beginnen die Fettsäuren, sich aufzuspalten und zu oxidieren. Dabei bildet sich der toxische Stoff Acrolein, der u. a. die Schleimhäute reizt. Also sei bitte vorsichtig beim Braten.

In meinen Rezepten benutze ich oft Olivenöl. Jetzt fragst du dich vielleicht, ob es ratsam ist, mit Olivenöl zu braten. Ja, durchaus. Allerdings eignet sich Olivenöl nicht zum scharfen, sondern nur zum moderaten Anbraten.

Hülsenfrüchte

Hülsenfrüchte sind sehr gesund und enthalten viele wichtige Nährstoffe sowie Antioxidantien, die vor freien Radikalen schützen. Sie sind günstig, lassen sich gut auf Vorrat kochen und es gibt unendlich viele Variationsmöglichkeiten. Zusammen mit Reis bilden sie eine vollständige Mahlzeit, in der alle acht essentiellen Aminosäuren enthalten sind. Das sind doch genug Gründe, regelmäßig Hülsenfrüchte zu essen, oder?

Jetzt denkst du vielleicht: Hülsenfrüchte schmecken zwar gut, können aber aus bekannten Gründen manchmal auch einsam machen. Damit das nicht passiert, verrate ich dir, wie du Hülsenfrüchte so kochen kannst, dass sie so bekömmlich wie nur möglich werden. Falls du trotzdem noch

Welches Öl eignet sich wofür?

Temperatur	Fett oder Öl	Geeignet für
keine Hitze	Leinöl, Kürbiskernöl, Walnussöl	Salate, Dressings, kalte Gerichte
mittlere Temperaturen, ca. 160–180 Grad	natives Olivenöl extra	sanftes Schmoren von Gemüse, Fisch, Tempeh, Tofu, Seitan, Meeresalgen
hohe Temperaturen, ca. 180–230 Grad	Kokosfett, Bratöl, helles Sesamöl (nicht nativ)	Frittieren, Wok-Küche, alles, was scharf angebraten wird

Probleme hast, taste dich langsam heran, beginne mit einem einzigen Esslöffel pro Mahlzeit und steigere die Menge langsam.

Grundrezept Hülsenfrüchte

- Hülsenfrüchte über Nacht einweichen.
- Einweichwasser am nächsten Tag weggießen.
- Hülsenfrüchte gründlich mit kaltem Wasser spülen.
- Mit der 3-fachen Menge kaltem Wasser aufsetzen.
- Ohne Deckel zum Kochen bringen. Jetzt bildet sich Schaum, in dem sich einige der Blähstoffe verstecken.
- Schaum mit einem Schaumlöffel abschöpfen, bis das Wasser einigermaßen klar bleibt.
- Hülsenfrüchte 20–30 Min. mit offenem Deckel kochen und ggf. immer wieder Schaum abschöpfen.
- Nach Bedarf ein- oder zweimal eine Tasse kaltes Wasser hinzufügen. Die Hülsenfrüchte behalten so ihre Form und bleiben innen weich.
- Hülsenfrüchte kochen, bis sie weich sind (siehe Tabelle).
- Wichtig: Erst am Ende des Kochvorgangs salzen, sonst bleiben die Hülsenfrüchte hart.

Tipps zum Kochen von Hülsenfrüchten

- Von Anfang an 1 TL Natron mitkochen. Das macht die Hülsenfrüchte schneller weich und insgesamt bekömmlicher.
- Statt Natron 2 cm Stücke Kombu-Alge mitkochen.
- Für ein gutes Aroma und bessere Bekömmlichkeit von Anfang an getrocknete Kräuter mitkochen, z. B. Lorbeer, Ingwer, Kreuzkümmel, Kümmel, Rosmarin, Salbei, Majoran, Thymian, Knoblauch.
- Für Linsensalat ausnahmsweise etwas Salz mitkochen, damit die Linsen ihre Form behalten. Ohne Salz werden sie cremig. Oder die Linsen vor dem Kochen in Salzwasser einweichen.

Einweich- und Kochzeiten von verschiedenen Hülsenfrüchten

Sorte	Einweichzeit	Kochzeit im Topf	Kochzeit im Schnellkochtopf
Kichererbsen	7–8 Std.	1½ Std.	50 Min.
Weiße Bohnen	7–12 Std.	1 Std.	30 Min.
Azukibohnen	4–5 Std.	1 Std.	30 Min.
Grüne Linsen*	2 Std.	1 Std.	20 Min.
Rote/Gelbe Linsen*	1 Std., wenn überhaupt	20 Min.	nicht nötig
Schwarze Sojabohnen	7–8 Std.	1½ Std.	35 Min.
Schwarze Bohnen	7 Std.	1½ Std.	40 Min.
Kidneybohnen	7–12 Std.	1 Std.	35 Min.
Erbsen	7–8 Std.	1½ Std.	35 Min.

Wenn es schnell gehen soll, die jeweiligen Hülsenfrüchte mit heißem Wasser übergießen und 3 Std. stehen lassen. Das heiße Wasser lässt die Bohnen schneller weich werden. Evtl. heißes Wasser zwischendurch erneuern.
*Linsen brauchen nicht unbedingt eingeweicht zu werden, außer du reagierst sehr empfindlich auf Hülsenfrüchte.

Gesunde kleine Körner

Grundsätzlich rate ich dir, die üblichen Weizenprodukte zu meiden – egal, ob du eine Glutenunverträglichkeit hast oder nicht. Da Weizenmehl, das z. B. für Croissants, helle Brötchen, Toastbrot, Kuchen usw. verwendet wird, überwiegend aus Stärke besteht und vom Körper schnell in Zucker umgewandelt wird, hat es eine ähnliche Wirkung wie gezuckerte Süßspeisen – auch im Darm. Aber viele andere Getreidesorten sind heilsam für unseren Körper.

Reis ist für Menschen mit Rheuma und besonders mit Gicht ein empfehlenswertes Getreide, da er Leber und Nieren bei ihrer Entgiftungsarbeit unterstützt. Regelmäßig gegessen, stärkt er die Verdauungsorgane und wirkt Erschöpfung entgegen.

Hirse enthält von allen Getreidearten am meisten Mineralien, u. a. Silicium, Magnesium und Eisen. Sie wirkt basisch, ist leicht verdaulich und gut für Knochen, Haut und Haare. Sehr zu empfehlen bei allen Rheumaarten, weil sie gegen Übersäuerung wirkt.

Quinoa war das Grundnahrungsmittel der Inkas in den Hochanden von Peru und Bolivien. Sie ist eigentlich kein Getreide, aber du kannst sie wie Getreide zubereiten. Verglichen mit den hier aufgeführten Getreidesorten enthält sie am meisten Eiweiß und ist eine gute Quelle für Eisen sowie die Vitamine B und E. Quinoa enthält übrigens mehr Kalzium als Milch. Du kannst sie für sich alleine kochen oder mit Gemüse, z. B. weichgekochtem Kürbis, mischen. Quinoamehl wird auch gern für Brot und Kekse verwendet.

Gerste wird in der fernöstlichen Medizin bei rheumatischen Krankheiten eingesetzt, weil sie die Funktion der Leber und des Fettstoffwechsels verbessert. Sie reduziert Schwellungen und Wasseransammlungen, z. B. Ödeme. Außerdem reguliert sie die Darmfunktion, vor allem bei Durchfall (dafür die Gerste waschen und vorher anrösten). Kombiniere Gerste mit Reis oder nimm nur Gerste, um eine Suppe zu kochen.

Hafer ist ein wärmendes Getreide und stärkt die Immunkraft. Er hilft bei Verdauungsschwäche, ist gut gegen kalte Hände und Füße und wirkt allgemein kräftigend auf den Körper. Du kannst ihn als ganzes Korn essen, solltest ihn dann aber über Nacht oder mindestens vier Stunden einweichen. Als alleiniges Getreide schmeckt er mir nicht so gut. Aber halb und halb gemischt mit Süßreis, wird daraus ein richtig leckerer Morgenbrei (Seite 62). Auch Haferflockenporridge ist ein nährendes und schnell zubereitetes Frühstück.

Couscous und Bulgur bestehen aus Weizen. Sicher hast du schon gehört, dass sich Weizen, im Übermaß genossen, z. B. in Form von Croissants oder weißen Brötchen, ungünstig auf Gelenkerkrankungen auswirken kann. Im Sommer kannst du dir aber Couscous und Bulgur als Salat mit blanchiertem Gemüse, Erbsen und Oliven zubereiten. Das ist sehr gesund und sorgt für Abwechslung auf deinem Teller.

Süßreis ist ein ganz besonderer Reis, denn er enthält mehr Stärke als anderer Reis. Er ist kräftigend für Milz, Magen und Lunge. Wenn du dich schwach fühlst, kombiniere Süßreis mit Rundkornreis oder Hafer. Mochi ist gestampfter Süßreis, den du auch als Suppeneinlage oder Süßspeise zubereiten oder einfach so essen kannst.

Hier stelle ich dir zwei Arten von Hülsenfrüchten vor, die bei uns noch nicht so bekannt sind. Wegen ihres hervorragenden Geschmacks und der speziellen Wirkung auf den Körper möchte ich sie dir besonders ans Herz legen.

Azukibohne

Die Azukibohne ist eine wichtige Hülsenfrucht in der Ernährung bei rheumatischen Beschwerden. Die meisten Menschen, die mit Rheuma zu tun haben, haben auch eine Nierenschwäche und wir können die Azukibohne gezielt einsetzen, um die Nieren zu stärken. Sie sind auch bei Gicht empfehlenswert. In der fernöstlichen Medizin sind die Nieren der Sitz der Lebenskraft, des Mutes und unseres Willens. Wenn du bemerkst, dass du dir wenig zutraust und unter Antriebslosigkeit leidest, stärke deine Nieren und iss 2- bis 3-mal pro Woche Azukibohnen. Kombiniert mit Hokkaido-Kürbis helfen sie, den Blutzuckerspiegel stabil zu halten.

Schwarze Sojabohnen

Schwarze Sojabohnen helfen bei der Ausscheidung von überschüssigem tierischem Fett und Eiweiß. Sie wirken dabei cholesterinsenkend und präventiv gegen Diabetes Typ 2. Außerdem sind sie eine gute Medizin speziell bei Frauenleiden. In Japan wird ihr Sud traditionell vor Gesangsprüfungen und Musikunterricht getrunken, um der Stimme zu einem wohltönenden Klang zu verhelfen. Schwarze Sojabohnen sind die teuersten Bohnen, die ich kenne, und meine absoluten Lieblingsbohnen. Ich esse sie gern ein- oder zweimal im Monat. Wenn sie gekocht sind, glänzen sie schön, und mir schmecken sie wunderbar.

Lebensmittel mit Heilwirkung

Folgende Lebensmittel kannst du in kleinen Mengen mit in deine Ernährung integrieren. Man sagt ihnen eine Heilwirkung nach, was ich persönlich faszinierend finde, und sie passen gut in eine ganzheitliche Ernährungsweise. Manche sind dir vielleicht noch fremd. Nur Mut, probiere ruhig mal das ein oder andere aus. Du wirst überrascht sein, wie gut sie schmecken.

Die meisten dieser Produkte bekommst du im Bio-Supermarkt. Du kannst einige Lebensmittel aber auch bestellen, wenn es für dich einfacher ist: www.makrobiotik.com

Miso

Miso ist ein hochwertiges, fermentiertes Lebensmittel mit aktiven Bakterien und besteht aus einer Getreidesorte, z. B. Gerste oder Reis, Sojabohnen und Salz. Der Fermentationsprozess dauert in der Regel zwei bis drei Jahre. Ursprünglich kommt es aus Japan und wird dort vor allem wegen seiner alkalisierenden Wirkung auf die Verdauung und der Verbesserung der Blutqualität geschätzt. Es fördert die Bildung freundlicher Darmbakterien und ist besonders empfehlenswert bei Gelenkschmerzen, Gewebeübersäuerung und Muskelschmerzen. Außerdem hilft es, den Körper zu entgiften, ist gut für Raucher, für alle, die Medikamente nehmen oder mit Chemikalien arbeiten. Diese vielen gesundheitsfördernden Eigenschaften machen es zu einem medizinischen Nahrungsmittel.

Du kannst Suppen, Saucen, Gemüse, Eintöpfe, Fischgerichte oder Salatsaucen mit Miso würzen. Misosuppe wirkt basenbildend. Durch Gemüse in der Suppe wird dies noch verstärkt. Ich empfehle dir wärmstens eine Misosuppe zum Frühstück (Seite 65), denn dadurch bekommst du schon morgens den nötigen »Basenschuss«. Übrigens: Eine Misosuppe ist viel besser als eine Tasse Kaffee am Morgen. Kaffee senkt nämlich den ph-Wert im Blut und führt zur Übersäuerung, wodurch Unwohlsein und Schmerzen in Gang gehalten werden. Falls es dir zu ungewohnt ist, morgens schon eine Suppe zu essen, iss sie zur Mittagszeit oder zum Abendessen.

Es gibt verschiedene Misosorten, z. B.:

Gerstenmiso ist das Miso, das für den täglichen Gebrauch bestens geeignet ist. Es hat ein mildes Aroma und passt ausgesprochen gut zu Wurzelgemüse und damit zu unserer europäischen Küche.

Shiro Miso ist ein wesentlich milderes Miso und wird aus weißem Reis hergestellt. Der Fermentationsprozess ist relativ kurz und deshalb ist es kaum salzig. Gut geeignet für diejenigen, die mit dem Miso-Geschmack noch etwas fremdeln.

Bindemittel

Neben Mais- und Kartoffelstärke gibt es auch noch andere Stärkesorten, die für uns, die wir an Gelenkerkrankungen leiden, viel besser geeignet sind. Auch auf Gelatine können wir verzichten und stattdessen mit Agar-Agar binden.

Kuzu ist eine aus einem bestimmten wilden Wein gewonnene Stärke, mit der du Flüssigkeiten binden kannst, z. B. Saucen, Suppen und Dressings. Kuzu kann aber auch als Ei-Ersatz in Pfannkuchen dienen. Es macht Fruchtsäure besser verträglich und eignet sich deshalb besonders gut zum Andicken von Süßspeisen. Kuzu wird als Heilmittel bei Diabetes und Bluthochdruck und vor allem zur Kräftigung von Magen und Darm eingesetzt. Sogar bei der Entwöhnung von Zigaretten und Alkohol hilft es. Kuzu ist basenbildend und dadurch ein wertvolles Lebensmittel für Menschen mit chronischen Gelenkerkrankungen.

Pfeilwurzelmehl ist auch eine Stärke, die du zum Andicken von Speisen verwenden kannst. Es hat nicht die gleiche starke medizinische Wirkung wie Kuzu, ist aber auch nicht so teuer und viel gesünder als Mais- oder Kartoffelstärke, da es im Vergleich den Blutzucker nicht so schnell ansteigen lässt. Pfeilwurzelmehl wird aus der Pfeilwurz hergestellt, die zur Pflanzenfamilie der Pfeilwurzgewächse (Marantaceae) gehört und genauso wie Kuzu völlig geschmacksneutral ist.

Agar-Agar wird aus verschiedenen Algen, vor allem aus Rotalgen, gewonnen. Es wird hauptsächlich zum Gelieren verwendet und deshalb auch die Gelatine Asiens genannt – eine hervorragende Alternative zur handelsüblichen Gelatine, die aus Schweineschwarten oder Rinderhaut hergestellt wird. Der Jodgehalt von Agar-Agar ist sehr gering, dafür hat es hat einen hohen Gehalt an Kalzium. Es verbessert die Darmperistaltik, also die Darmbewegung, die wichtig zur Durchmischung des Speisebreies ist und durch Nahrung und psychische Faktoren, z. B. Durchfall bei Stress oder Verstopfung auf Reisen, beeinflusst wird.

Würzmittel

Schlecht gewürzt schmeckt das Essen halb so gut. Weiter vorne hast du vielleicht gelesen, dass du Kochsalz, Pfeffer und Chili besser meiden solltest. Aber es gibt jede Menge Würzmittel, die du problemlos verwenden kannst.

Meersalz enthält im Gegensatz zum normalen Kochsalz nicht nur Natrium und Chlorid, sondern 40 weitere Spurenelemente. Du kannst als Alternative auch Steinsalz oder Himalaya-Salz verwenden.

Sojasauce (Shoyu) ist ein traditionell hergestelltes fermentiertes Würzmittel aus Sojabohnen, Wasser, Weizen und Meersalz. Sie ist reich an Aminosäuren, regt die Magensäfte an und stärkt die Herzmuskulatur. Du kannst damit Suppen, Eintöpfe, Fischgerichte und Gemüse würzen. Traditionell hergestellte Sojasauce gibt es nur in Bio-Läden. Von Sojasauce aus dem Supermarkt möchte ich dir abraten. Sie enthält manchmal Zucker, minderwertiges Salz und ist nicht traditionell hergestellt. Das bedeutet, die Zutaten wurden dort mehr oder weniger schnell zusammengemischt. Die für unsere Gesundheit wertvollen Enzyme, die sich natürlicherweise bei der Fermentation entwickeln und Sojasauce so zu einem hochwertigen Lebensmittel machen, können sich dann nicht bilden.

Tamari wird aus Sojabohnen, Meersalz und Wasser hergestellt. Es ist glutenfrei und salziger als Shoyu. Auch dieses hochwertige Lebensmittel wird traditionell hergestellt und ist nur in Bio-Läden erhältlich.

Shiitiakepilze sind getrocknet, aber auch frisch in Bio-Qualität erhältlich. Sie haben einen guten Geschmack und geben einer Suppe eine besondere Note, z. B. auch der morgendlichen Misosuppe. Diese Pilze haben eine stark ausleitende Wirkung und helfen, z. B. Cholesterin aus dem Körper auszuscheiden. Zwei Shiitakepilze pro Woche in bester Qualität reichen aus.

Reisessig wird aus vergorenem Vollreis hergestellt. Er ist besonders gut verträglich, weil er wenig Säure enthält. Reisessig schmeckt gut in Salaten oder als kleiner Schuss im Eintopf.

Gemüsebrühe ohne Hefe: Falls dir meine Zutaten zu exotisch sind, kannst du auch eine fertige Gemüsebrühe ohne Hefe aus dem Glas zum Würzen verwenden.

Kräutersalz verwende ich auch gern. Empfehlen möchte ich dir das Kräutersalz von Herbamare. Du bekommst es in Reformhäusern.

Fleischersatz

Wenn du gern Fleisch isst, bist du über meine Empfehlung, auf Fleisch zu verzichten, sicher nicht erfreut. Aber du darfst Fisch essen – und auch Produkte aus Weizen und Soja, die du wie Fleisch zubereiten kannst.

Umeboshi – ein konzentrierter Basenspender

Umeboshi sind Aprikosen, die mindestens ein Jahr lang in einer salzigen Lake fermentiert werden. Sie wirken blutreinigend, desinfizieren, helfen gegen Müdigkeit, gegen Übersäuerung und gegen Übelkeit. Es heißt, dass 10 g Umeboshi die Säurewirkung von 100 g reinem Zucker neutralisieren können. Außerdem enthält Umeboshi hohe Mengen an alkalinen Mineralien wie Kalzium, Eisen, Mangan und Kalium sowie organische Säuren, z. B. Phosphor und Zitronensäure, mit deren Hilfe unser Körper die alkalisierenden Mineralien leichter aufnehmen kann. Weitere Inhaltsstoffe sind Pikrinsäure, die unsere Leber dabei unterstützt, belastende Chemikalien aus dem Blut zu waschen, und Katechinsäure, die antibakteriell wirkt.
Umeboshi gibt es als Paste (Ume-Paste), als ganze Frucht (Umeboshi) und als Essig (Ume-Essig). Alle Produkte schmecken sauer und zugleich salzig und werden nur in kleinen Mengen verwendet. Du kannst Gemüse und Saucen damit verfeinern oder kleine Mengen mit in eine Suppe oder zu Hülsenfrüchten geben. Es schmeckt auch mit Tahin als Aufstrich und du kannst daraus ein Getränk mit Kuzu herstellen, wenn du dich krank fühlst (Seite 137). Ich liebe Umeboshi und habe es immer im Haus.

Seitan wird aus Bio-Weizen hergestellt und zu würzig-pikanten Speisen verkocht. Für Menschen mit Glutensensibilität ist es nicht geeignet. Seitan kannst du vielseitig und abwechslungsreich zubereiten. Mit Sojasauce, Ingwer und viel Gemüse kannst du ein leichtverdauliches, cholesterinfreies, kalorienarmes und kräftigendes Essen kochen, z. B. ein Seitan-Gulasch (Seite 98). Seitan ist auch für Menschen mit Gicht geeignet, weil es purinarm ist.

Tempeh ist ein fermentiertes Sojaprodukt und eine hervorragende pflanzliche Eiweißquelle für Menschen mit Gelenkerkrankungen. Es ist cholesterinfrei, reich an essentiellen Aminosäuren, ungesättigten Fettsäuren sowie Kalzium und Magnesium. Durch den Fermentationsprozess entsteht das wichtige Vitamin B_{12}. Tempeh sättigt gut, ist leicht verdaulich und enthält geringe Mengen Vitamin B_{12}. Es kann gebraten, frittiert, gebacken und gekocht werden. Ich verwende es regelmäßig in meiner Küche, entweder alleine oder kombiniert mit Hülsenfrüchten oder Meeresalgen. Lass dich von meinen Rezepten überraschen.

Tofu: In meinen Seminaren habe ich festgestellt, dass die wenigsten wissen, wie Tofu schmackhaft zubereitet wird. Und später sind sie ganz erstaunt, wie lecker er sein kann. Natürlich solltest du keine Riesenmengen davon essen, aber für ab und zu ist er eine gute Eiweißquelle. Wenn du Tofu würzig marinierst, frittierst, brätst oder in der Suppe mitkochst, hast du eine weitere gute Alternative zu tierischen Proteinen.

Soja-Produkte wie Sojakäse, Tofu-Truthahn, Sojaeiscreme, Sojajoghurt und auch Sojamilch sind stark verarbeitete Produkte. Deshalb benutze ich sie nur sehr selten.

Mist, ich habe was gegessen, was ich eigentlich nicht wollte

Und jetzt? Die meisten Menschen reagieren mit Schuldgefühlen, denken, sie haben versagt, und machen sich deshalb Vorwürfe. Aber mach dich nicht verrückt! Es geht nicht um Perfektion. Gerade am Anfang solltest du geduldig mit dir sein. Es gibt Menschen, denen die Umstellung leichtfällt, weil sie gut strukturiert sind und gut planen können. Für andere wiederum, die einen etwas chaotischeren und gefühlsgesteuerten Lebensstil pflegen (so wie ich), kann eine Ernährungsumstellung herausfordernd sein. Sei liebevoll zu dir selbst und hole dir Unterstützung, die dich in deinem Vorhaben, diese neue Küche zu praktizieren, bestärkt.

Meeresalgen

Oh je, nun wird es richtig exotisch. Jetzt empfehle ich dir auch noch Meeresalgen! Solltest du tatsächlich deinen Konsum von Milchprodukten reduzieren, findest du in Meeresalgen eine gute Quelle für Mineralstoffe, allen voran Kalzium.

Meeresalgen werden traditionell in vielen Kulturen schon seit tausenden von Jahren gegessen. Sie wirken einer Übersäuerung entgegen und man sagt ihnen eine lebensverlängernde Wirkung nach. Es wird empfohlen, Meeresalgen nur in kleinen Mengen, dafür aber regelmäßig zu essen. Außerdem werden sie als Schönheitsmittel für die innere und äußere Anwendung verarbeitet.

Kombu kann bei rheumatischen Erkrankungen sehr hilfreich sein, da diese Meeresalge die Fähigkeit hat, bei äußerer Anwendung Schwellungen zu reduzieren. Bei innerer Anwendung, integriert in Speisen, leitet sie ein Zuviel an Feuchtigkeit aus. Für die äußerliche Anwendung weiche die Alge ein

Warum tun uns gekochte Speisen so gut?

Vielleicht ist es dir auch schon einmal aufgefallen, dass es dir nicht so gut bekommt, wenn du viel Kaltes zu dir nimmst, z. B. Salate, Eiscreme, Rohkost, Joghurt aus dem Kühlschrank und dazu kalte Getränke?
Viele rheumatische Beschwerden werden durch Wärme gelindert – vor allem auch durch Wärme von innen. Beim Kochen selbst findet schon eine Art Vorverdauung statt und das Essen kann leichter verwertet werden. Es ist für unseren Körper einfacher, Nährstoffe aus einer gekochten Möhre zu ziehen als aus einer rohen. Warm essen bedeutet übrigens nicht, dass es immer »heiß« sein muss. Lauwarm oder Zimmertemperatur reichen völlig.

In meinen Seminaren berichten Teilnehmer immer wieder, wie gut es ihnen mit gekochtem Essen und vor allem mit einem warmen Frühstück geht. Einige Teilnehmer sagen sogar, dass es ihre Schmerzen lindert. Für Menschen, die generell leichter frösteln, ist es sowieso eine Wohltat. Die Verdauungsorgane, besonders die Milz, werden gestärkt und damit auch die Lunge und die Nieren.
Aber lass dich nicht abschrecken. Wenn du merkst, dass du das (noch) nicht kannst, dann starte langsamer. Eine warme Mahlzeit am Tag ist immer noch besser als keine – ideal sind mindestens zwei gekochte Mahlzeiten.

und wickle sie dir um das betroffene Gelenk. Fixiere sie mit einem Verband und lasse sie über ein paar Stunden oder über Nacht einwirken. In unterschiedliche Gerichte integriert, verstärkt sie den Geschmack von Speisen und wirkt kräftigend auf die Verdauungsorgane.

Nori ist wirklich delikat. Du kennst sie sicher schon aus dem Sushi-Restaurant. Nori ist reich an Vitamin A und B_{12} sowie an Kalzium und Eisen. Sie wird in der fernöstlichen Medizin u. a. bei Blutarmut verwendet. Besonders für Menschen mit Gicht ist sie gut geeignet, weil sie hilft, Ansammlungen von Schleim, der durch die feuchte Hitze entstanden sind, auszuleiten.

Zuckerersatz

Zugesetzten weißen Kristall-Zucker oder auch Rohrohrzucker verwende ich gar nicht mehr. Stattdessen empfehle ich Reismalz oder Reissirup. Beides sind sehr milde Süßungsmittel und enthalten keine Fruktose. Sie gehen langsamer ins Blut über als der herkömmliche Haushaltszucker, da sie einen hohen Anteil an langkettigen Mehrfachzuckern enthalten und vom Körper erst einmal in Einfachzucker umgewandelt werden müssen.

Eine gut verträgliche Alternative ist Ahornsirup. Hier solltest du nur die beste Qualität verwenden, da Ahornsirup häufig mit Zucker gestreckt wird. Gute Qualität ist nicht ganz billig, aber lohnt sich, denn du wählst sie für dich und deinen Körper.

Und nun leg los!

Auf den folgenden Seiten findest du viele Rezepte, die dir die Ernährungsumstellung leicht machen. Schau dir die Rezepte an und probiere sie aus. Das Essen soll dich satt machen und dir wirklich schmecken. Für den Anfang könntest du dir ein paar Rezepte heraussuchen, die dich besonders ansprechen. Plane für die nächsten drei bis vier Tage im Voraus und kaufe dafür ein.

Ich bin in meinem Element, wenn ich für andere koche. Lade dir Freunde ein, von denen du weißt, dass sie offen für Neues sind. Oder triff dich mit ein, zwei oder drei Freundinnen oder Freunden, um regelmäßig gemeinsam zu kochen. Sage ihnen, dass du zuckerfrei kochen und etwas anderes ausprobieren möchtest. Meine Freundinnen waren ganz begeistert, etwas Neues zu lernen, und freuten sich über die ungewohnten Rezepte.

Die wichtigsten fünf Empfehlungen auf einen Blick:

1. Iss möglichst ein warmes Frühstück, das beugt auf Dauer auch Süßhungerattacken vor.
2. Kaue gut (Seite 40) und iss in entspannter Atmosphäre.
3. Reduziere deinen Zuckerkonsum (Seite 23).
4. Iss regelmäßig warme gekochte Mahlzeiten.
5. Sei geduldig und liebevoll zu dir selbst.

Koche, soweit es geht, auf Vorrat, z. B. Suppen und Eintöpfe. Fülle sie heiß in saubere Schraubgläser, drehe den Deckel zu und stelle sie auf den Kopf. Sie sind dann luftdicht verschlossen und halten kühl gestellt etwa 4–8 Wochen. Viele Gerichte kannst du auch leicht aufwärmen. Koche davon einfach zwei Portionen und iss die 2. Portion am nächsten oder übernächsten Tag.

Crunchy oder geröstete Nüsse und Samen kannst du in größeren Mengen zubereiten, sodass es für eine Woche reicht.

Übrigens: Ein warmes Frühstück am Morgen muss noch nicht einmal aufwendig sein. Oft kannst du es ganz oder teilweise schon am Abend vorbereiten.

Wenn nicht anders angegeben beziehen sich die Temperaturangaben beim Backen auf Ober-/Unterhitze.

FRÜHSTÜCK

Chiasamenbrei

Für 4 Portionen

⏲ 20 Min.

2 TL getrocknete Aprikosen • 60 g Chiasamen • etwas Wasser • 400 ml Mandel- oder Getreidemilch • 2 Prisen Salz • 4 EL geröstete Kerne • 4 EL Himbeeren (optional)

- Aprikosen klein schneiden. Mit den Chiasamen mit Wasser bedecken und über Nacht einweichen.

- Am nächsten Morgen mit wenig Wasser langsam zum Kochen bringen. Milch und Salz hinzugeben, 5 Min. kochen lassen und vom Herd ziehen.

- Mit gerösteten Kernen und Himbeeren servieren.

Hirseporridge mit Birnen

Für 4 Portionen
30 Min.

100 g Hirse • 2 Birnen • Salz • 400 ml Wasser oder Getreidemilch • Zimt (optional) oder Kardamom

● Hirse waschen. Birnen schälen und würfeln.

● Hirse mit 1 Prise Salz und Birnenstücken zum Kochen bringen. Ca. 20 Min. kochen. 2 Prisen Zimt oder Kardamom untermischen.

Das passt dazu karamellisierte Mandeln (Seite 147)

Varianten

- Am Ende des Kochvorgangs Zitronenschale in den Porridge reiben.
- Pastinaken oder Kürbis mitkochen und zusammen mit der Hirse zerstampfen.
- Petersilie fein hacken und 1 Min. mitkochen – so wird das Vitamin C freigesetzt und wir können es besser aufnehmen.

Süßreisbrei mit Gerste

Für 4 Portionen
90 Min. + 6 Std. Einweichzeit

70 g Gerste • 70 g Süßreis • Salz

● Getreide im Sieb mit kaltem Wasser waschen und über Nacht in 800 ml Wasser einweichen.

● 2 Prisen Salz dazugeben und 1½ Std. in dem Einweichwasser kochen lassen.

Tipp Süßreis ist ein nährendes Getreide, das du gut zur Kräftigung essen kannst.

Pikanter Buchweizenporridge

Für 4 Portionen
40 Min.

150 g Buchweizen • 1 Stange Lauch • 1 Handvoll Champignons • Öl zum Anbraten, z. B. Oliven- oder Kokosöl • etwas Thymian • Sojasauce oder Kräutersalz

● Buchweizen waschen und ohne Fett in der Pfanne rösten, bis er leicht nussig riecht.

● Lauch und Pilze putzen und klein schneiden. Lauch in Öl anbraten. Erst Pilze, dann Thymian dazugeben.

● Buchweizen auf das Gemüse geben und mit 800 ml Wasser zum Kochen bringen. Sojasauce oder Kräutersalz hinzufügen und bei geringer Hitze 20 Min. kochen.

Reisporridge mit Kardamom

Für 4 Portionen
65 Min.

140 g Vollkornreis • Salz • 1 TL grüner Kardamom

● Reis waschen. Mit 800 ml Wasser, 4 Prisen Salz und Kardamom ca. 1 Std. kochen.

Tipp Kardamom wirkt leicht erwärmend, trocknet Schleimansammlungen und hilft, Speisen besser zu verdauen.

» Pikanter Buchweizenporridge

Amaranthporridge

Für 4 Portion
30 Min. + Einweichzeit über Nacht

200 g Amaranth • 400 ml Dinkelmilch • 4 EL Sonnenblumen- oder Kürbiskerne

- Amaranth gut abspülen und über Nacht in reichlich Wasser einweichen.

- Am nächsten Morgen Amaranth mit Dinkelmilch und 50 ml Wasser zum Kochen bringen. Bei niedriger Hitze 15–20 Min. köcheln lassen.

- Kerne unter fließendem kaltem Wasser abwaschen und in eine heiße Pfanne geben. Ohne Fett so lange rösten, bis sie leicht gebräunt sind.

Tipp Wenn du den Porridge über Nacht kochst, kannst du dir die Einweichzeit sparen. Getreide zum Kochen bringen. Wenn es kocht, etwas Salz hineingeben. Hitze reduzieren und ein paar Münzen unter den Topf legen. Die ganze Nacht bei niedrigster Temperaturstufe auf dem Herd lassen. Übrigens: Über Nacht kochen bringt besonders viel Wärme ins Essen, die sich wohlig bis in die Fußspitzen ausbreitet. Aber Achtung: Nicht auf dem Gasherd anwenden!

Amaranth-Reis-Brei

Für 4 Portionen
65 Min.

60 g Amaranth • 70 g Vollkornreis • Salz

- Amaranth und Reis mit 2 Prisen Salz in 800 ml Wasser aufkochen und 1 Std. köcheln lassen.

Süßreis-Hafer-Brei

Für 4 Portionen
65 Min. + Einweichzeit über Nacht

70 g Süßreis • 70 g Hafer • Salz

- Süßreis und Hafer über Nacht in reichlich Wasser einweichen.

- Beides in 800 ml Wasser mit 2 Prisen Salz aufkochen und 1 Std. köcheln lassen

Tipp Hafer ist ein wärmendes Getreide, das traditionell vor allem in der kalten Jahreszeit gegessen wird.

Gerste-Hafer-Brei

Für 4 Portionen
60–90 Min. + Einweichzeit über Nacht

70 g Gerste • 70 g Hafer • Salz

- Gerste und Hafer unter kaltem Wasser abspülen und über Nacht in 800 ml Wasser einweichen.

- Getreide mit 2 Prisen Salz Wasser 1–1½ Std. kochen.

Tipp Hafer und Gerste sind Getreidesorten, die du immer einweichen solltest, bevor du sie kochst, denn sie sind sonst zu hart. Weiche sie über Nacht oder tagsüber ca. 6–8 Std. ein.

Gebratene Tofuwürfel

Für 4 Portionen
10 Min.

400 g Tofu • Öl zum Braten • etwas Sojasauce oder Tamari

- Tofu in Würfel schneiden und in der Pfanne von allen Seiten anbraten.
- Mit Sojasauce oder Tamari ablöschen.

Das passt dazu Porridge oder Misosuppe (Seite 65)

Pikante Sonnenblumen-kerne

Für 4 Portionen
20 Min.

200 g Sonnenblumenkerne • etwas Sojasauce (optional)

- Sonnenblumenkerne im Sieb mit kaltem Wasser kurz abspülen.
- Dann in einer Pfanne ohne Öl rösten, bis sie eine goldene Farbe annehmen. Nach Geschmack mit 1 Schuss Sojasauce ablöschen. Dann nochmal trocken rösten.

Das passt dazu Porridge, Salat

Variante Für süße Sonnenblumenkerne anstelle von Sojasauce Reissirup über die Kerne ziehen und vermischen.

Sauerteigbrot

Für 12 Portionen
2–3 Tage für den Sauerteig + 10 Min. + 4–6 Std. Gehzeit + 45 Min. Backzeit

Für den Sauerteigansatz
2 EL gekochter Reis • 15 g Vollkorn-Dinkelmehl (am besten selbst mahlen) • 60 ml Wasser
Für das Brot
100 g grobes Dinkelmehl, Type 1050 • 25 g feines Dinkelmehl, Type 650 • 50 g gekochter Vollkornreis • 10 g Salz

- Alle Zutaten für den Sauerteigansatz gründlich verkneten, in ein Schraubglas geben und 2–3 Tage stehen lassen.
- Fertigen Sauerteig mit 100 ml warmem Wasser mischen. In einer anderen Schüssel Mehl mit Salz und Reis mischen. Zum Sauerteig geben und gründlich durchkneten. Falls der Teig zu trocken ist, noch bis zu 50 ml warmes Wasser hinzugeben.
- Die gleiche Menge, die der Sauerteig-Ansatz hatte, abteilen und in einem Schraubglas im Kühlschrank für das nächste Brot aufbewahren.
- Gekneteten Teig in eine geölte Backform geben, mit einem feuchten Tuch bedecken und an einem warmen Platz, z. B. mit einer Wärmflasche im Bett oder auf einem Heizkörper, 4–6 Std. gehen lassen, bis sein Volumen 1½-mal so groß ist.
- Backofen auf 100 Grad vorheizen und das Brot mit dem feuchten Tuch bedeckt hineinstellen, um es noch mehr aufgehen zu lassen.
- Nach 30 Min. Tuch entfernen und das Brot bei 200 Grad 45 Min. backen. Das Brot soll hohl klingen, wenn du darauf klopfst. Aus dem Ofen nehmen und in ein feuchtes Tuch wickeln, dann bleibt die Kruste weich. Erst am nächsten Tag anschneiden.

Misosuppe – die heilsame Kraft aus Asien

Beginne deinen Tag mit einer Misosuppe und schon bald wirst du merken, wie gut sie deinem Körper tut. Misosuppe wirkt basisch, deshalb hilft sie so gut bei rheumatischen Beschwerden.

Leckeres Gemüse für die Misosuppe:

- Steckrübe
- Porree
- Möhre
- Radieschen
- Rettich
- Zwiebel
- Kürbisstücke
- Stangensellerie
- Kohlrabi
- Shiitakepilze
- Blumenkohl
- Grünkohl
- Brennnessel

Was sonst noch hineinpasst:

- Tofu
- Fischbällchen
- Reste von Bohnen, z. B. Kidneybohnen, Azukibohnen, Kichererbsen, Linsen, schwarze Bohnen
- gekochte Nudeln
- gekochte Reisreste

Ich empfehle, nicht mehr als 3–4 Gemüsesorten zu kombinieren.

Gerstenmiso eignet sich gut zum Würzen der Suppe. Falls du die glutenfreie Variante lieber magst, nimm Shiro Miso, ein Miso auf Basis von Reis.

Mein Grundrezept für die Misosuppe

Für 4 Portionen

25 Min.

- 2 kleine Zwiebeln
- 3 Möhren
- Petersilie, Schnittlauch oder Kresse
- 12 Röschen Blumenkohl
- 800 ml Wasser oder Brühe
- 4 TL Miso
- Sesam- oder Olivenöl

- Zwiebel und Möhre würfeln. Petersilie bzw. Kresse hacken oder Schnittlauch in Röllchen schneiden.

- Zwiebelwürfel kurz anbraten und mit wenig Wasser ablöschen. 2–3 Min. bei offenem Deckel kochen, damit die Blähstoffe nach oben wegziehen.

- Möhrenwürfel dazugeben, kurz mit anbraten. Blumenkohl dazugeben. Alles mit Wasser oder Brühe auffüllen, sodass das Gemüse bedeckt ist.

- Kochen bis das Gemüse gerade gar ist (ca. 8 Min.), dann vom Herd ziehen.

- Etwas Brühe abschöpfen, mit Miso vermischen und zurück in den Topf geben. Nicht mehr kochen. Mit fein gehackter Petersilie servieren.

Tipp Falls du morgens keine Suppe essen magst, genieße sie zu einer anderen Tageszeit.

Dinkelbrötchen

Für 5 Stück
20 Min. + 40 Min. Backzeit

300 g feines Dinkelmehl, Type 650 • 2 TL Weinstein-Backpulver • ½ TL Salz • 3 EL Olivenöl • 30 g Sesam

- Den Backofen auf 210 Grad vorheizen.
- Mehl, Backpulver, Salz und Öl vermengen. 200 ml Wasser langsam hinzufügen und gut verkneten.
- Eine Rolle formen und 5 Teile abschneiden. Daraus Brötchen formen und auf ein mit Backpapier belegtes Blech setzen.
- Brötchen mit etwas Wasser bepinseln, Sesamkörner darauf verteilen und etwas andrücken.
- Ca. 35–40 Min. backen. Dabei eine Schale mit kaltem Wasser in den Ofen stellen.

Tofukäse

Für 4 Portionen
5 Min. + Marinierzeit über Nacht

400 g Tofu • 3 EL Gerstenmiso

- Tofu in einem Geschirrtuch etwas auspressen.
- Von allen Seiten mit Gerstenmiso bestreichen und über Nacht stehen lassen. Erst am nächsten Tag genießen.

Das passt dazu Brot

Tipp Das Miso kannst du in einer Misosuppe (Seite 65) weiterverwenden.

Brot ohne »Mehl«

Für 10 Portionen
45 Min. + Gehzeit über Nacht + 90 Min. Backzeit

250 g Sonnenblumenkerne • 250 g fein gemahlene Mandeln • 80 g Chiasamen • 50 g Flohsamenschalen • 1 TL Salz • abgeriebene Schale einer Orange (optional) • 30 g Kokosöl • 1 EL Reissirup • 450 ml warmes Wasser • etwas Öl für die Form

- Sonnenblumenkerne waschen und zu 80 % pürieren.
- Alle trockenen Zutaten in eine Schüssel geben. Danach die feuchten Zutaten hinzufügen und mit einem Handrührgerät oder den Händen gut durchkneten.
- Backform mit Öl ausstreichen und das Brot hineingeben. Über Nacht stehen lassen.
- Backofen auf 180 Grad (160 Grad Umluft) vorheizen.
- Brot 1 Std. backen und aus der Form nehmen. Backofen ausschalten und das Brot im heißen Backofen auf einem Backblech noch 30 Min. nachbacken lassen.
- Vor dem Anschneiden ganz auskühlen lassen.

Das passt dazu zuckerfreie Marmelade, Avocado-Aufstrich (Seite 70), Möhren-Kräuter-Aufstrich (Seite 70), pflanzliche Leberwurst (Seite 70), Hummus mit Gurkenscheiben (Seite 94) oder Tofukäse (Seite 66)

» Dinkelbrötchen

Süßes Birnenbrot

Für 8 Portionen
⏲ 25 Min. + 45 Min. Backzeit

2 Birnen • 180 g gemahlene Mandeln oder feines Mandelmehl + etwas für die Form • 100 g Dinkel-Vollkornmehl • 1 Pk. Backpulver • 100 ml Reissirup • 2 EL Öl + etwas zum Fetten • 100 ml Mandelmilch • Mandelsplitter zum Bestreuen

● Den Backofen auf 180 Grad vorheizen.

● Birnen schälen, entkernen und in kleine Stücke schneiden.

● Trockene Zutaten in einer Schüssel mischen. Reissirup, Öl und Mandelmilch hinzugeben und so lange rühren, bis der Teig eine schön glatte Konsistenz hat. Gewürfelte Birnen dazugeben und verrühren.

● Eine 15 cm lange Form gut mit Öl einfetten und mit gemahlenen Mandeln »mehlen«. Birnenteig in die Form füllen und mit Mandelsplittern bestreuen. Brot ca. 45 Min. backen.

Himbeermarmelade

Für 20 Portionen
⏲ 30 Min. + 3 Std. zum Erkalten

500 g Himbeeren • 50 ml Apfelsaft oder Wasser • Salz • 50 ml Reissirup • 2 gestr. TL Agar-Agar

● Himbeeren säubern und mit Apfelsaft oder Wasser, 1 Prise Salz, Reissirup und Agar-Agar aufkochen. Dabei umrühren, damit sich das Agar-Agar auflöst. Ca. 5–6 Min. köcheln lassen.

● Sofort in heiß ausgewaschene Gläser gießen. Mit einem Schraubdeckel verschließen und auf den Kopf stellen. So stehen lassen, bis alles erkaltet ist. Im Kühlschrank oder an einen anderen kühlen Platz aufbewahren.

Variante Reagierst du empfindlich auf Fruchtsäure? Kuzu bindet Fruchtsäure und macht diese verträglicher. Rühre 1–2 EL Kuzu mit kaltem Wasser zu einer cremigen Flüssigkeit und gieße es langsam in die kochende Flüssigkeit, bis sie geliert.

Tipp Agar-Agar wird erst beim Abkühlen fest. Es eignet sich auch für anderes Obst wie Erdbeeren, Brombeeren, Blaubeeren, weiche Birnen und Pfirsiche.

« Süßes Birnenbrot

Möhren-Kräuter-Aufstrich

Für 4 Portionen
30 Min.

300 g Möhren • 1 TL helles Tahin (Sesammus) • Kräutersalz • getrockneter Oregano • ein paar Tropfen Zitronensaft

● Möhren putzen, in dünne Scheiben schneiden und im Dämpfsieb oder in wenig Wasser gar kochen.

● Mit Tahin, Kräutersalz, Oregano und Zitronensaft (nicht zu viel, wird sonst zu sauer) abschmecken und alles pürieren.

Variante Anstelle von Tahin Mandelmus verwenden.

Leberwurst – mal ohne Leber

Für 4 Portionen
20 Min.

200 g gekochte Kichererbsen (Glas) • 1 kleine Zwiebel • 75 g Räuchertofu • 1 TL Majoran • ¼ TL Kräutersalz oder etwas Meersalz • Thymian • Sonnenblumen- oder Olivenöl nach Bedarf

● Kichererbsen abgießen und das Wasser auffangen. Zwiebel fein hacken. Räuchertofu zerbröckeln.

● Alle Zutaten pürieren, bis eine cremige Konsistenz entsteht. Kichererbsenwasser zu den Püree geben. Falls die Masse zu trocken ist, noch etwas Öl oder Wasser dazugeben.

Variante Anstelle von Kichererbsen Linsen verwenden.

Avocado-Aufstrich

Für 4 Portionen
10 Min.

2 Avocados • 1 TL Salz oder Kräutersalz • 2–3 EL Zitronensaft

● Avocado aufschneiden, Kern entfernen und Fruchtfleisch in eine Schüssel geben.

● Die anderen Zutaten dazugeben und alles pürieren.

Variante Anstelle von Salz und Zitrone kannst du den Aufstrich auch mit 1 gestrichenen TL Umeboshi-Paste würzen.

Rote-Bete-Meerrettich-Creme

Für 4 Portionen
40 Min.

250 g Rote Bete (frisch oder gekocht) • 4 EL Sonnenblumenkerne oder geschälte Mandeln • 2 EL Meerrettich • etwas Salz • 1 EL Olivenöl • evtl. etwas Meersalz

● Rote Bete schälen, vierteln und kochen, bis sie gar ist.

● Sonnenblumenkerne oder Mandeln in einem Sieb mit kaltem Wasser abwaschen. In einer Pfanne ohne Öl rösten und zur gekochten Roten Bete geben. Alle Zutaten mischen und pürieren.

Das passt dazu Reiswaffeln oder Brot

» Möhren-Kräuter-Aufstrich

Suppen

Grüne Suppe

Für 4 Portionen
⏲ 40 Min.

2 große Brokkoli • 1 Stange Staudensellerie • 1 Stange Lauch • 1 Handvoll Petersilie- und Minzeblätter • 1 Knoblauchzehe (optional) • etwas Öl • 800 ml Gemüsebrühe • 3 cm Ingwer • 1–2 TL hefefreie Gemüsebrühe

- Brokkoli in Röschen schneiden, Strünke würfeln. Sellerie in Streifen und Lauch in Ringe schneiden. Petersilie und Minze hacken. Ggf. Knoblauch pressen.

- Sellerie und Lauch anbraten. Brokkoli dazugeben und mit Brühe auffüllen. Zum Kochen bringen und 10 Min. auf kleiner Hitze köcheln lassen, bis das Gemüse gar ist.

- Ingwer schälen und fein reiben. Den Saft mit der Hand in die Suppe pressen. Alles pürieren und bei Bedarf noch mit Gemüsebrühe abschmecken.

Variante Du kannst auch Wildkräuter, z. B. Brennnesseln oder Brunnenkresse, am Schluss 5 Min. mitkochen.

Tipp Mit dieser Suppe gönnst du deiner Leber eine Extraportion Chlorophyll.

Basische Gemüsebrühe

Für 15 Portionen

20 Min. + 2–3 Std. Kochzeit

2 Möhren • 1 Stange Lauch • 1 Stück Sellerie • 2 Fenchelknollen • 2 Pastinaken • 2 Lorbeerblätter • 1–2 Scheiben frischer Ingwer oder 2 Knoblauchzehen • 1 TL Bockshornkleesamen (optional) • frische Kräuter, z. B. Dill, Petersilie, Liebstöckel • etwas Kräutersalz

● Alle Gemüsesorten kurz abspülen, grob schneiden und zusammen mit den anderen Zutaten in 2–3 l Wasser aufsetzen. Zum Kochen bringen und auf kleinster Stufe 2–3 Std. köcheln lassen.

● Alles durch ein Sieb gießen und das Gemüse in den Biomüll geben, du kannst es nicht mehr essen.

Tipps

- Du kannst die Gemüsebrühe als Grundlage für Suppen, Eintöpfe oder Saucen verwenden.
- Du kannst auch andere Gemüsesorten für die Brühe nehmen. Auch Gemüse, das schon ein bisschen älter ist, kannst du auskochen. Gemüseschalen von Möhren, Pastinaken, Stangensellerie, Zwiebelhaut, die äußeren Schalen von Lauch und Sellerie, aber auch Schnittlauch, Petersilie und deren Stängel machen sich gut in dem Sud.
- Die fertige Brühe kannst du tagsüber trinken. Die Süße in der Suppe hat eine entspannende Wirkung auf die Bauchspeicheldrüse und du fühlst dich rundum wohl. Der kleine Hunger zwischendurch wird so ein bisschen gestillt.
- Außerdem wärmt die Suppe und kann ein »Krankheitsgefühl« ausgleichen. Ideal an Tagen, an denen du fröstelst oder du dich unwohl fühlst.

Rote-Bete-Suppe

Für 4 Portionen

35 Min.

5 mittelgroße Rote Beten (gegart) • 2 Zwiebeln • 1 Süßkartoffel oder 2 mittelgroße Möhren • 1 Knoblauchzehe • 1 gestr. TL Meersalz • 5 Stiele Basilikum • 2 EL Olivenöl • etwas Zitronensaft

● Rote Bete vierteln. Zwiebeln in Streifen und Süßkartoffel bzw. Möhren in Würfel schneiden. Knoblauch hacken.

● Gemüse in einem Topf mit ca. 1,5 l Wasser bedecken. Knoblauch und Salz hinzufügen und 25 Min. kochen. Basilikum hinzufügen und die letzten 10 Min. mitkochen.

● Olivenöl und ein paar Spritzer Zitronensaft hinzufügen und pürieren.

Variante Anstelle von Salz und Zitrone kannst du auch mit etwas Umeboshi-Essig würzen.

Tipp An einem heißen Sommertag kannst du die Suppe bei Zimmertemperatur servieren.

» Rote-Bete-Suppe

Cremige Pilzsuppe

Für 4 Portionen
35 Min.

Für die Suppe
1 Zwiebel • 2 EL Olivenöl • 2 EL Mehl • 300 g Champignons • 750 ml Gemüsebrühe oder Wasser • 100 ml Hafersahne • Salz

Für das Pesto
1 Bund Basilikum • ½ Tasse Öl • ½ gestr. TL Salz • einige Tropfen Zitronensaft

- Für die Suppe Zwiebel schälen und in Halbmonde schneiden. Pilze putzen und in feine Scheiben schneiden.

- Zwiebeln anbraten und mit etwas Mehl bestäuben. Pilze zu den Zwiebeln geben und kurz mit anbraten, dann mit Brühe (oder Wasser) aufgießen.

- In 20 Min. gar kochen, Hafersahne angießen, pürieren und mit Salz abschmecken.

- Für das Pesto alle Zutaten pürieren. Kurz vor dem Servieren einen Klecks Basilikumpesto auf die Suppe geben.

Variante Getrocknete Pilze, z. B. Steinpilze oder Shiitakepilze, bringen mehr Geschmack in die Suppe. Dafür Pilze 10–20 Min. in heißem Wasser einweichen. Abgießen und von Anfang an mitkochen. Das Einweichwasser mit in die Suppe geben.

Blumenkohlsuppe mit Pastinake

Für 4 Portionen
30 Min.

1 mittelgroßer Blumenkohl • 1 Pastinake • Wasser oder selbst gekochte Brühe (Seite 74) • 1 gestr. TL Salz oder hefefreie Gemüsebrühe • 2 Prisen Muskat • 2 EL Zitronensaft • Schnittlauch oder Kresse

- Vom Blumenkohl Strunk und grüne Blätter entfernen. Den Kopf waschen und in Röschen teilen. Pastinake schälen, wenn sie etwas älter ist, sonst die Schale daranlassen. Pastinake in Würfel schneiden.

- In einem Topf mit so viel Wasser oder Brühe aufgießen, dass das Gemüse gerade bedeckt ist. Gar kochen und pürieren. Sollte die Suppe zu dick sein, noch etwas Wasser hinzugeben.

- Mit Salz, Muskat und Zitronensaft würzen und vor dem Servieren mit Kresse oder Schnittlauchröllchen bestreuen.

Variante Anstelle der Pastinake kannst du auch weiße Süßkartoffeln nehmen. Die gibt es im Asialaden.

Klassische Kürbissuppe

Für 4 Portionen
45 Min.

320 g Kürbis • 2 Zwiebeln • 1 Zucchini • 1 Knoblauchzehe • etwas Olivenöl • Wasser • 1 gestr. TL Meersalz oder hefefreie Gemüsebrühe • 4 cm Ingwer • Koriander zum Garnieren

- Kürbis entkernen und in grobe Würfel schneiden. Zwiebeln vierteln. Zucchini schälen und ebenfalls in grobe Würfel schneiden. Knoblauchzehe in Scheiben schneiden.

- Zwiebeln von allen Seiten anbraten. Kürbis- und Zucchiniwürfel dazugeben. Knoblauch hinzufügen und kurz mit anbraten.

- So viel Wasser dazugeben, dass alles gerade bedeckt ist. Salz oder Gemüsebrühe hinzufügen und 30 Min. kochen, bis alles gar ist. Ingwer fein reiben.

- Suppe vom Herd ziehen und pürieren, evtl. noch etwas Wasser hinzugeben, falls die Suppe zu dick ist. Saft des geriebenen Ingwers in die Suppe pressen und verrühren.

- Mit grob gehacktem Koriander bestreut servieren.

Tipp Wird mit Fisch, Tofu oder Tempeh eine vollständige Mahlzeit. Fisch in Zitrone mit etwas Salz und evtl. ein paar Kräutern, z. B. frischem Koriander, marinieren, in Würfel schneiden und in die heiße Suppe geben. Nicht mehr kochen, sondern nur etwas ziehen lassen. Tempeh- oder Tofuwürfel braten, mit Sojasauce ablöschen und in die Suppenschale geben.

Dhal – indische Linsensuppe

Für 4 Portionen
35 Min.

75 g rote Linsen • 1 kleine Zwiebel • 1 Möhre • Öl zum Anbraten • 1 TL hefefreie Gemüsebrühe • Kurkuma und Kreuzkümmel nach Geschmack • etwas frische Zitronenmelisse (optional) • 2 TL Leinöl

- Linsen in einem Sieb gründlich abspülen. Zwiebel fein hacken und Möhre in Würfel schneiden.

- Zwiebel anbraten, bis sie leicht glasig ist. Möhrenwürfel dazugeben und kurz mit anbraten. Linsen, Gemüsebrühe und 400 ml Wasser dazugeben. Ca. 20 Min. köcheln lassen, bis alles weich ist.

- Pürieren und mit Kurkuma und Kreuzkümmel abschmecken. Gehackte Zitronenmelisse dazugeben. Mit ½ TL Leinöl in jeder Suppenschale servieren.

Tipp Dhal ist ein gutes Abendessen, eignet sich aber als Frühstückssuppe, weil sie so schön sättigt und basisch wirkt. Bereite gleich eine größere Menge Dhal zu für Tage, an denen du nicht zum Kochen kommst.

Herzhafte Zwiebelsuppe

Für 4 Portionen
15 Min. + 45 Min. Kochzeit

1 kg Zwiebeln • Salz • 4 EL Olivenöl • 2 EL Mehl • 1 l Gemüsebrühe oder Wasser • Sojasauce oder Gemüsebrühe zum Würzen

Für die Croûtons
3 Scheiben Sauerteigbrot • Öl zum Braten • 1 EL Kräutersalz

- Für die Suppe Zwiebeln schälen und in feine Halbmonde schneiden. Mit 1 Prise Salz bei mittlerer Hitze glasig schmoren.

- Zwiebeln gleichmäßig mit Mehl bestäuben, am besten mit einem Sieb. Alles ein paar Min. weiter schmoren.

- Gemüsebrühe erwärmen und in kleinen Portionen zu den Zwiebeln geben. Dabei rühren. 45 Min. köcheln lassen. Vom Herd ziehen und mit Sojasauce oder Gemüsebrühe abschmecken.

- Für die Croûtons Rand vom Sauerteigbrot abschneiden. Brot würfeln und von beiden Seiten anbraten. Kräutersalz drüberstreuen und weiterbraten.

Tipp Zwiebelsuppe schmeckt würzig, wärmt gut durch und stärkt die Abwehr. Wichtig in der kalten Jahreszeit.

» Herzhafte Zwiebelsuppe

Erbsensuppe – fast wie bei Oma

Für 4 Portionen

20 Min + 2 Std. Kochzeit + Einweichzeit über Nacht

- 80 g getrocknete grüne Erbsen oder 200 g TK-Erbsen
- 1 Lorbeerblatt
- 2 mittelgroße Zwiebeln
- 1 Knollensellerie
- 1 Stange Lauch
- 3 Möhren
- 1 daumengroßes Stück Ingwer
- Kräutersalz
- 3–4 Stängel Zitronenmelisse
- 100 g Räuchertofu
- Sojasauce

● Getrocknete Erbsen über Nacht einweichen. Am nächsten Tag das Einweichwasser weggießen und die Erbsen mit kaltem Wasser abbrausen. Mit frischem Wasser nochmal aufsetzen und im offenen Topf mit dem Lorbeerblatt zum Kochen bringen. Schaum abschöpfen. 20 Min. bei mit offenem Deckel kochen. Den Deckel auflegen und weitere 60 Min. kochen.

● Zwiebeln und Sellerie schälen und würfeln. Lauch waschen und in Ringe schneiden. Möhren putzen und würfeln. Ingwer schälen. Gemüse mit etwas Kräutersalz anbraten.

● Weiche Erbsen mit dem Kochwasser zum Gemüse geben. Erbsen und Gemüse sollten knapp bedeckt sein. Ist zu wenig Kochwasser übrig, gib noch etwas Wasser dazu. Gemüse und Erbsen weitere 35 Min. kochen.

● Alles fein pürieren und mit Kräutersalz abschmecken. Blätter der Zitronenmelisse in die Suppe geben.

● Räuchertofu in klitzekleine Würfel schneiden und kurz anbraten. Etwas davon in jede Suppenschale geben und die Suppe heiß servieren.

Variante Anstelle von getrockneten Erbsen 200 g TK-Erbsen nehmen. Das reduziert die Kochzeit auf 30 Min.

Tipp Möhren in kleine Würfel geschnitten in wenig Wasser gar kochen und in die pürierte Suppe geben.

Winter-Kraftbrühe mit Huhn

Für 8 Portionen
30 Min. + 3 Std. Kochzeit

- 1 Bio-Huhn
- Salz
- 1 Bund Suppengrün
- 2 Lorbeerblätter
- 3 Scheiben Ingwer (2 cm)
- 1 Zwiebel
- 2 Stängel glatte Petersilie

Für die Einlage

- 3–4 mittelgroße Möhren
- 220 g Fadennudeln
- 250 g Erbsen
- ½ Bund glatte Petersilie oder Koriander

● Huhn von innen und außen gründlich abspülen. In einen großen Topf geben und mit kaltem Wasser bedecken. Zum Kochen bringen, 3–4 Min. kochen lassen und das Wasser wegschütten.

● Topf saubermachen und Huhn einmal heiß abspülen, so ersparst du dir das Schaumabschöpfen. Huhn wieder in den Topf geben und mit kaltem Wasser knapp bedecken. Salz hinzufügen und zum Kochen bringen.

● Suppengrün waschen und in 1 cm große Würfel schneiden. Gewürfeltes Gemüse, Lorbeerblätter, Ingwer, halbierte Zwiebel mit Schale und Petersilie in den Topf geben. Bei kleiner Hitze 2 Std. köcheln lassen. Dann Huhn aus dem Topf nehmen, Fleisch abschneiden und beiseitestellen.

● Knochen wieder in den Topf geben und die Brühe 1 Std. weiterköcheln lassen. Alles durch ein Sieb gießen und die Brühe auffangen. Gemüse und Knochen entsorgen.

● Für die Einlage Möhren putzen, in Würfel schneiden und 5–8 Min. in der Brühe kochen lassen. Nudeln in den letzten 3 Min. mitkochen. Die Erbsen hinzugeben.

● Petersilie oder Koriander hacken und mit dem Hühnerfleisch in die Brühe geben. Evtl. nochmal aufkochen und ggf. etwas salzen.

Tipp Die Wärme einer lange gekochten Suppe stärkt die Abwehrkräfte und schützt vor der Kälte. Eine Hühnersuppe ist nachweislich hilfreich bei Erkältungen und blockiert bestimmte weiße Blutkörperchen, die Entzündungen und Schwellungen auslösen können. Außerdem unterstützen Kraftsuppen aus Knochen durch die ausgelösten Mineralien den eigenen Knochenbau.

Kleine Gerichte und Snacks

Feldsalat mit Süßkartoffelwürfeln

Für 4 Portionen
35 Min.

1 kleine Süßkartoffel • 4 Handvoll Feldsalat • ½ Apfel • ½ Gurke

Für das Dressing

1 EL Oliven- oder Leinöl • ¼ TL Salz • 1 EL Reissirup • 2–3 EL Zitronensaft

- Süßkartoffel in sehr kleine Würfel schneiden und in wenig Wasser gar kochen. In einem Sieb abtropfen und auf einem flachen Teller abkühlen lassen.

- Feldsalat putzen und waschen. Apfel in kleine Würfel, Gurke längs halbieren und in dünne Scheiben schneiden. Apfelwürfel und Gurkenscheiben mit der abgekühlten Süßkartoffel vermischen.

- Zutaten für das Dressing mischen und über den Salat geben. Sofort servieren.

Variante Feldsalat ohne Apfel, Gurke und Süßkartoffel zubereiten.

Sommerlicher Quinoasalat

Für 4 Portionen
35 Min.

80 g Quinoa • 350 ml Wasser oder selbst gekochte Brühe (Seite 74) • Salz • 30 g TK-Erbsen • 1 kleine rote Zwiebel • 2 Möhren • 1 Zucchini • Salz • 1 großes Bund glatte Petersilie • frische Minzeblätter

Für die Marinade
Limetten- oder Zitronensaft • 4 EL Olivenöl • etwas Salz

- Quinoa in dem Wasser mit 2 Prisen Salz bei niedriger Hitze 20 Min. kochen lassen. Für die letzten 5–8 Min. Erbsen darauflegen, damit sie tauen. Alles aus dem Topf nehmen und abkühlen lassen.

- Zwiebel schälen, in feine Ringe schneiden und mit der Quinoa vermischen.

- Möhren in Würfel schneiden und blanchieren, bis sie gerade gar sind. Etwas abkühlen lassen und untermischen.

- Zucchini in Würfel schneiden und kurz anbraten. Leicht salzen, etwas abkühlen lassen und auch untermischen. Petersilie fein und Minze grob hacken und beides unterheben.

- Aus Zitronensaft, Olivenöl und etwas Salz eine Marinade zubereiten und über den Quinoasalat geben.

Das passt dazu gebratener Tofu, Fisch oder Tempeh

Variante Oliven, frischen Koriander, frische Basilikumblätter oder Kidneybohnen in den Salat geben.

Kidneybohnen-Salat

Für 4 Portionen
30 Min.

1 Brokkoli • 220 g gekochte Kidneybohnen • 1 kleine Zwiebel • 2 EL Olivenöl • ½ TL Meersalz • 1 EL Zitronensaft • 2 EL Reisessig • 1 Handvoll Basilikumblätter

- Brokkoliröschen blanchieren. Kidneybohnen kurz unter kaltem Wasser abspülen und gut abtropfen lassen. Zwiebel hacken.

- Brokkoli, Kidneybohnen und Zwiebel mischen. Öl dazugeben und mit Salz, Zitronensaft, Reisessig und fein gehacktem Basilikum würzen. Vorsichtig vermengen.

Das passt dazu Quinoa, geröstetes Brot mit Avocado-Aufstrich (Seite 70) oder gebackene Süßkartoffeln

» Kidneybohnen-Salat

26

Möhren-Rettich-Salat

Für 4 Portionen
30 Min.

2 mittelgroße Möhren • 1 mittelgroßer Rettich • Salz • 1 Bund Brunnenkresse
Für das Dressing
3 EL Oliven- oder Kokosöl • 1 EL Oregano • Salz

- Gemüse waschen. Möhren und Rettich in 1,5 cm große Würfel schneiden. 2½ l Wasser zum Kochen bringen und 1 Prise Salz hineingeben.

- Möhrenwürfel in das sprudelnde Wasser geben. Nur so viel Gemüse auf einmal in den Topf geben, dass es nicht aufhört zu kochen. Mit offenem Deckel in ca. 3 Min. gar kochen. Mit einer Gabel oder einem Messer testen, ob das Gemüse schon gar ist. Möhren mit dem Schaumlöffel herausnehmen und dabei gut abtropfen lassen. Auf einem großen Teller ausbreiten und auskühlen lassen. Mit dem Rettich genauso verfahren.

- Brunnenkresse putzen und entweder am Schluss roh unter das gekochte Gemüse mischen oder für 30 Sek. in das kochende Wasser tauchen.

- Für das Dressing Olivenöl in einer Pfanne vorsichtig erhitzen, Oregano darin kurz erwärmen und mit 1 Prise Salz würzen.

- Dressing über das Gemüse geben und alles vermischen.

« Möhren-Rettich-Salat

Tempeh mit Hirsestampf

Für 4 Portionen
65 Min.

Für das Tempeh
6–8 mittelgroße Zwiebeln • 250 g Tempeh • etwas Olivenöl • 180 ml Apfelsaft • 1 Lorbeerblatt • Salz oder Miso
Für den Hirsestampf
140 g Hirse • Salz

- Zwiebeln schälen und in Halbmonde schneiden. Tempeh würfeln oder in 1 cm dicke Scheiben schneiden.

- Zwiebeln in Olivenöl vorsichtig anschmoren, bis sie glasig sind und Wasser ziehen. Apfelsaft, Lorbeerblatt und Tempeh zufügen. Bei geschlossenem Deckel ca. 50 Min. auf kleiner Hitze kochen lassen. Bei Bedarf noch etwas Wasser oder Apfelsaft hinzufügen.

- Mit etwas Salz oder Miso, z. B. Gersten- oder Shiromiso, abschmecken. Noch 5 Min. köcheln lassen.

- Für den Hirsestampf Hirse waschen. Mit 700 ml Wasser und 3 Prisen Salz 20 Min. kochen, ohne umzurühren! Dann mit dem Kartoffelstampfer zerstampfen und zum Tempeh servieren.

Das passt dazu Feldsalat

Tipp Hirse vor dem Kochen trocken in der Pfanne rösten, dann wärmt sie mehr.

Sushi – ideal gegen den kleinen Hunger

Sushi kommt ursprünglich aus Japan, erfreut sich aber auch bei uns immer größerer Beliebtheit. Mit ein bisschen Übung ist Sushi schnell gemacht und sieht toll aus. Die Füllung kannst du ganz nach deinen Vorlieben variieren.

Was eignet sich als Füllung?

- Avocadostreifen
- Gurkenstreifen
- gebratene Tofustreifen. Dazu Tofu in dicke Streifen schneiden und von beiden Seiten anbraten. Mit Sojasauce ablöschen.

So kannst du dein Sushi würzen:

- Wasabi längs auf einer Seite auf den Reis streichen.
- Eingelegten Ingwer in Streifen schneiden und auf eine Seite längs verteilen. Kaufe hochwertigen eingelegten Ingwer im Bio-Laden. Schmeckt super und ist ohne Zucker.
- Umeboshi-Paste in kleiner Menge mit einem Messer verteilen. Umeboshi schmeckt vielleicht etwas ungewohnt. Probiere vorher, ob du es magst.

Sushi

Für 32 Stück
⏲ 90 Min.

70 g Rundkornreis • 70 g Süßreis • Salz • 4 Noriblätter • 2 Möhren • etwas Rucola • 1 Sushimatte

- Reis (wenn möglich) 1–2 Std. einweichen. Dann mit 2 Prisen Salz in 500 ml Wasser in 50 Min. gar kochen, dabei nicht umrühren. Reis auf einem Blech verteilen, damit er vollständig abkühlt.

- Ein Noriblatt mit der rauen Seite nach oben auf eine Sushimatte legen. ¼ der Reismasse darauf gleichmäßig verteilen, dabei an einer Seite den Rand freilassen.

- Möhren putzen, in lange Streifen schneiden und kurz kochen, bis sie weich sind. Abkühlen lassen und an einer Seite längs auf den Reis legen. Rucola längs darauflegen.

- Von der Seite, auf der das Gemüse liegt, die Matte mit dem belegten Sushiblatt aufrollen, ohne dabei die Sushimatte mit einzurollen. Beim Weiterrollen die Sushimatte langsam über das Noriblatt ziehen, bis alles aufgerollt ist – drumherum ist die Sushimatte. Mit der Sushimatte alles ein bisschen andrücken. Die Sushirolle auf die Seite mit dem Rand legen, damit es gut zusammenklebt.

- Die Sushirolle mit einem ganz scharfen Messer in 8 Scheiben durchschneiden, ohne dabei Druck auszuüben. Nach dem ersten Schnitt das Messer in eiskaltes Wasser tauchen, abtropfen lassen und den nächsten Schnitt ansetzen. Mit den übrigen Noriblättern genauso verfahren.

Tempeh-Quinoa-Bowl mit Gemüse

Für 4 Portionen
40 Min.

500 g Tempeh • etwas Öl zum Braten
Für die Marinade
6 EL Wasser • 8–10 EL Sojasauce • 3 EL Reissirup • 3 EL Apfelessig
Für das Quinoa-Gemüse
1 Zwiebel • 2 mittelgroße Möhren • 2 EL Öl • 300 g Quinoa • 700 ml Gemüsebrühe oder Wasser • Meersalz • 1 großer Brokkoli • einige Spritzer Umeboshi-Essig • 30 g geröstete Kürbiskerne (optional)

- Tempeh in Würfel schneiden und von beiden Seiten anbraten.

- Marinade herstellen und darin die Tempeh-Würfel ca. 5–8 Min. köcheln lassen. Dabei wenden.

- Für das Quinoa-Gemüse Zwiebel fein hacken. Möhren würfeln. Zwiebel kurz anbraten, Möhrenwürfel und Quiona dazugeben. In der Gemüsebrühe mit 4 Prisen Meersalz 20 Min. köcheln lassen.

- Brokkoli in Röschen teilen, grüne Blätter aufbewahren. Den geschälten Strunk in Scheiben schneiden. Zuerst den Strunk blanchieren, dann die Röschen dazugeben und am Schluss noch die kleinen grünen Blätter.

- Quinoa in eine Schüssel geben, obenauf Brokkoli verteilen. Mit wenigen Tropfen Umeboshi-Essig würzen. Darüber Tempehwürfel geben und mit gerösteten Kürbiskernen bestreuen.

Das passt dazu Hijikialgen oder Sauerkraut mit Ananasstücken

Süßkartoffeln mit Kräutern

Für 4 Portionen
10 Min. + 20 Min. Backzeit

4 Süßkartoffeln • Salz • 4 EL Olivenöl • getrocknete Kräuter, z. B. Oregano, Rosmarin, Thymian

- Backofen auf 200 Grad Umluft vorheizen. Backblech mit Backpapier belegen.

- Süßkartoffeln schälen und in 2 cm dicke Stücke schneiden. In eine Schüssel geben, mit 2 Prisen Salz und Öl gut vermischen, gern auch mit den Händen. Kräuter dazugeben und auf dem Blech in den Ofen schieben.

- Ca. 20 Min. backen, bis sie gar sind. Zum Testen einfach mit einer Gabel hineinstechen.

Das passt dazu Tofuwürfel (Seite 63), Sellerieschnitzel (Seite 94), Lachs aus dem Ofen (Seite 93)

Tipp Für Koriander-Liebhaber: eine Marinade aus fein gehacktem Koriander, Öl, Zitronensaft und Reissirup zubereiten, über die gebackenen Süßkartoffeln geben und gut vermischt servieren.

» Tempeh-Quinoa-Bowl mit Gemüse

Brokkoli küsst Avocado

Für 4 Portionen
25 Min.

2 Brokkoli • 480 g grüne Bohnen • 400 g Erbsen (frisch oder TK) • 2 Avocados • 4 EL Zitronensaft • frische Kräuter, z. B. Petersilie • 2 EL Leinöl • Salz

- Brokkoli in Röschen teilen, Strunk schälen und würfeln. Enden der grünen Bohnen abschneiden.

- Wasser in einem Topf zum Kochen bringen und das Gemüse nacheinander blanchieren. Kurz unter kaltem Wasser abschrecken, damit es nicht weitergart, und gut abtropfen lassen.

- Avocadofleisch auslösen und mit 2 EL Zitronensaft mischen. Gemüse und Avocado in eine Schüssel geben.

- Frische Kräuter fein hacken. Leinöl, 2 Prisen Salz, 2 EL Zitronensaft und Kräuter mischen und unter das Gemüse mengen. Sofort servieren.

Tipp An einem warmen Tag oder zum Abendessen wird daraus mit Fisch, gebratenem Tempeh oder Tofu eine leichte und schnelle Mahlzeit.

« Lachs aus dem Ofen

Lachs aus dem Ofen

Für 4 Portionen
20 Min.

ca. 800 g Lachs • 8 EL Öl, z. B. Olivenöl • 15 EL Tamari • 20 EL Zitronensaft

- Backofen auf 200 Grad vorheizen.

- Lachs kurz kalt abspülen und mit einem Küchenpapier abtupfen. Flüssige Zutaten gut vermischen und über den Lachs gießen.

- 20 Min. backen – auf keinen Fall länger, weil der Fisch sonst trocken wird.

Das passt dazu »Brokkoli küsst Avocado«

Tipp Wildlachs schon nach ca. 8 Min. aus dem Ofen nehmen. Er hat weniger Fett als Zuchtlachs und wird sonst zu trocken.

Linsenpaté

Für 4 Portionen
60 Min.

125 g getrocknete grüne Linsen • 2 große Zwiebeln • 2–3 EL Olivenöl • 1 Knoblauchzehe • 1 geh. EL Senf • 1 gestr. TL Salz • 1–2 TL getrockneter Thymian

- Linsen kochen (Seite 49). Zwiebeln würfeln und in Öl anbraten, bis sie glasig sind. Knoblauch fein hacken und kurz mit anbraten. Linsen dazugeben und alles 20 Min. köcheln lassen.

- Backofen auf 180 Grad vorheizen. Senf, Salz und Thymian zur Linsenmasse geben und pürieren. In einer Auflaufform 20 Min. backen.

Knusprige Sellerieschnitzel

Für 5–6 Stück
30 Min.

1 mittelgroßer Sellerie • 100 g Semmelbrösel oder Sesam • 50 g Stärke • Salz • Kokosöl zum Braten

- Sellerie putzen, halbieren und in 2 cm dicke Scheiben schneiden. Im Dämpfsieb oder in wenig Wasser gerade eben gar kochen.

- Auf einen Teller Semmelbrösel, auf einen anderen die mit 100 ml kaltem Wasser angerührte Stärke geben.

- Abgekühlte Selleriestücke in der angerührten Stärke und danach in den Bröseln wälzen.

- Von beiden Seiten goldbraun braten. Auf einem Küchentuch abtropfen lassen und sofort servieren.

Das passt dazu Kichererbsen-Hummus

Kichererbsen-Hummus

Für 4 Portionen
10 Min.

400 g gekochte Kichererbsen (Glas) • 2 EL Tahin • Zitronensaft • 1 Knoblauchzehe (optional) • 2 TL Salz • 1 TL Olivenöl

- Kichererbsen abgießen und mit kaltem Wasser abspülen.

- Alle Zutaten miteinander pürieren und soviel frisches Wasser hinzugeben, dass eine cremige Konsistenz entsteht. Abschmecken.

Tempeh-Sandwich

Für 2 Portionen
25 Min.

1 kleine Knoblauchzehe • 2 EL Sojasauce • 8 Scheiben Tempeh (0,2 cm) • 2 große Salatblätter • 4 Radieschen • 2 EL weißes Tahin • Salz • 4 Scheiben Sauerteigbrot (Seite 63)

- Knoblauch pressen. Mit Sojasauce und 4 EL Wasser langsam erhitzen. Tempehscheiben in den Sud legen und von beiden Seiten 3 Min. kochen lassen, bis die Flüssigkeit aufgesogen ist.

- Radieschen in dünne Scheiben schneiden. Für das Dressing Tahin, 4 EL Wasser und 1 Messerspitze Salz verrühren, bis es cremig ist.

- Tahincreme auf die Brotscheiben streichen, Salatblätter, Tempeh und Radieschen darauflegen. Mit einer weiteren Brotscheibe abdecken.

Kräutermandeln

Für 4 Portionen
15 Min.

250 g Mandeln • 2 EL Olivenöl • 1 TL Meersalz • 5 TL getrocknete Kräuter, z. B. Oregano, Basilikum

- Backofen auf 200 Grad vorheizen.

- Mandeln mit Öl, Salz und Kräutern mischen.

- Mandeln auf ein Backblech mit Backpapier geben und ca. 10 Min. backen.

Tipp Unbedingt eine Uhr stellen – die Mandeln verbrennen schnell!

» Tempeh-Sandwich

Hauptgerichte

Seitanschnitzel mit Möhren-Pastinaken-Gemüse

Für 4 Portionen
40 Min.

Für das Gemüse
2 große Möhren • 2 große Pastinaken • 1–3 EL Olivenöl • Salz • 1 EL Sojasauce (optional) • etwas Petersilie

Für die Schnitzel
250 g Seitan • 6 EL Stärke • ca. 100 g Sesam • Salz • Kokosöl zum Braten

- Für das Gemüse Möhren und Pastinaken in streichholzdünne Stifte schneiden. Falls die Pastinake schon länger gelagert ist, vorher schälen, weil die Haut leicht bitter sein kann.

- Erst Möhren anbraten, dann Pastinaken dazugeben. Von allen Seiten anbraten, dann ganz wenig Wasser hinzugeben. Salzen und mit Deckel ca. 10 Min. kochen, bis das Gemüse gar ist.

- Mit Sojasauce oder Salz würzen und mit fein gehackter Petersilie servieren.

- Für die Schnitzel Seitan in Scheiben schneiden. Stärke in Wasser anrühren, bis eine dicke sämige Masse entsteht. Sesam mit ¼ TL Salz mischen.

- Seitanscheiben erst in der angerührten Stärke, dann in der Sesammischung wälzen.

- In einer Pfanne in reichlich Fett braten und gut abtropfen lassen.

Das passt dazu Hirsestampf (Seite 87) und Zwiebelsauce (Seite 130)

Seitan-Gulasch mit knusprigen Nori-Chips

Für 4 Portionen
60 Min.

Für das Gulasch mit Pilzen
- 4 Shiitakepilze (getrocknet oder frisch)
- 4 mittelgroße Zwiebeln
- 250 g Seitan
- einige Stängel Petersilie
- 2 EL Sesamöl
- 2 TL gemahlener Rosmarin
- Sojasauce
- 750 ml Gemüsebrühe (Seite 74) oder Wasser (inklusive Einweichwasser der Pilze)
- 1 TL Meersalz
- 100 g TK-Erbsen
- evtl. Kuzu, Pfeilwurzelmehl oder Maisstärke zum Andicken

Für die Nori-Chips
- 6 Nori-Blätter
- 80 g Dinkelmehl
- 1 EL Maisstärke oder Kuzu
- 200 ml Mineralwasser mit Kohlensäure
- 1 TL schwarze Sesamsamen
- 1 Prise Meersalz
- Öl zum Frittieren

● Für das Gulasch getrocknete Shiitakepilze mit kochendem Wasser übergießen und 20 Min. stehen lassen, damit sie weich werden.

● Zwiebeln schälen und in Halbmonde schneiden. Seitan in 2 cm große Würfel schneiden. Petersilie fein hacken.

● Pilze abgießen, das Einweichwasser auffangen. Stiele abschneiden und für einen Gemüsefond aufbewahren. Pilzhüte in schmale Streifen schneiden.

● Zwiebeln in Sesamöl anbraten, bis sie glasig sind. Rosmarin hinzufügen. Weiter braten und mit einem kleinen Schuss Sojasauce ablöschen.

● Erst Pilzstreifen, dann Seitan dazugeben. Gemüsebrühe und Pilzwasser angießen und 30 Min. auf kleiner Hitze köcheln lassen.

● Mit Salz oder Sojasauce abschmecken. Erbsen dazugeben.

● Für eine cremige Konsistenz Kuzu, Pfeilwurzelmehl oder Maisstärke anrühren und langsam unter Rühren ins Gulasch gießen, bis es andickt. Petersilie untermischen.

● Für die Nori-Chips Noriblätter mittig teilen, aus jeder Hälfte 2 Quadrate und diese dann diagonal in Dreiecke schneiden.

● Aus Mehl, Stärke, Mineralwasser, Sesamsamen und Salz einen homogenen Teig rühren.

● Öl auf mittlerer Flamme erhitzen. Um die Temperatur zu testen, ein wenig Teig in das Öl gleiten lassen. Wenn es an die Oberfläche steigt, ist das Öl heiß genug.

● Eine Hälfte jedes Nori-Dreiecks in den Teig tauchen und frittieren, bis der Teig goldbraun und kross ist.

● Auf Küchenpapier einige Minuten abtropfen lassen und mit dem Seitan-Gulasch servieren.

Das passt dazu Reis mit Perlgerste (auch Hato Mugi genannt)

Variante Anstelle von Shiitakepilze getrocknete Steinpilze oder frische Champignons verwenden.

Tempeh Stroganoff

Für 4 Portionen
40 Min.

2 Zwiebeln • 3 Möhren • 1 Stange Sellerie • Salz • Öl zum Anbraten, z. B. Olivenöl • 2 Lorbeerblätter • 400 g roher Tempeh • 400 ml Wasser oder Gemüsebrühe (Seite 74) • 2 EL TK-Erbsen (optional) • 2–4 EL Sojasauce • ca. 2 EL Stärke zum Andicken, z. B. Kuzu, Pfeilwurzelmehl oder Maisstärke • 1 Schuss Hafersahne (optional) • 1 Bund Petersilie

- Zwiebeln schälen und in Halbmonde schneiden. Möhren putzen und würfeln. Sellerie in mundgerechte Stücke schneiden.
- Zwiebeln mit 1 Prise Salz anbraten. Nach ein paar Min. Möhren hinzugeben, dann Sellerie und Lorbeerblätter. Tempeh obenauf legen.
- Mit so viel Wasser oder Gemüsewasser aufgießen, dass alles eben bedeckt ist. 20 Min. kochen lassen. In den letzten 2 Min. TK Erbsen und Sojasauce hinzugeben.
- Stärke anrühren und unter Rühren in die kochende Flüssigkeit gießen, bis sie andickt.
- Für eine sahnige Konsistenz einen Schuss Hafersahne dazugeben. Mit gehackter Petersilie servieren.

Das passt dazu Bandnudeln

Variante Tempeh in dicke Würfel schneiden und in Öl von allen Seiten anbraten, bis er goldbraun ist. Auf Küchenpapier abtropfen lassen und zum Schluss unter das Gemüse mischen.

Tempeh-Taler mit Rotkohl

Für 4 Portionen
60 Min.

200 g Tempeh • Öl zum Braten

Für die Marinade

5 EL Sojasauce • 2 EL Wasser • 1 EL Reisessig

Für den Rotkohl

4 Zwiebeln • 1 kleiner Rotkohl • 2 Äpfel • Olivenöl • 2 Nelken • 2 Lorbeerblätter • etwas Apfelsaft • 1–2 EL Ume-Paste oder 2 Schuss Umeboshi-Essig • 1–2 EL Apfeldicksaft

- Zwiebeln in Würfel schneiden, Rotkohl fein hobeln oder in ganz feine Streifen schneiden. Äpfel – gern mit Schale – klein würfeln.
- Zwiebeln anbraten, bis sie glasig sind. Rotkohl mit anbraten. Nelken, Lorbeerblätter und Apfelwürfel dazugeben.
- 1 Schuss Apfelsaft hinzufügen. Ume-Paste untermischen und auf kleiner Hitze ca. 20 Min. köcheln lassen, bis alles weich ist.
- Lorbeerblätter herausnehmen und Apfeldicksaft untermischen.
- Zutaten für die Marinade vermischen.
- Tempeh in ca. 1 cm dicke Scheiben schneiden und von beiden Seiten braten, bis er braun ist. Auf einem Küchenpapier abtropfen lassen und 2 Min. in der angerührten Marinade kochen.

Das passt dazu blanchierter Grünkohl, gedämpfter Brokkoli oder Spitzkohl, Hijiki-Algen, Salat, Hirsestampf (Seite 87)

Tipp An einem heißen Sommertag Nelken und Lorbeer weglassen.

Kabeljau auf Gemüse-Couscous mit Kräutersalat

Für 4 Portionen
⏲ 60 Min.

Für den Gemüse-Couscous
- 4 Möhren
- 6 Radieschen
- 1 Bund Frühlingszwiebeln
- etwas Öl zum Braten
- 200 g Couscous
- 400 ml Gemüsebrühe (Seite 74)
- Salz

Für den Kräuter-Salat
- ½ Bund Kerbel
- ½ Bund Schnittlauch
- ½ Bund Petersilie
- 50 g Feldsalat
- 1 Zitrone
- 1 EL Olivenöl
- Salz

Für den Fisch
- 4 Kabeljaufilets à 180 g mit Haut (bei Gicht ohne Haut!)
- Salz
- etwas Zitronensaft
- 2 EL Mehl
- 3 EL Olivenöl

● Für den Gemüse-Couscous Gemüse nacheinander putzen. Möhren und Radieschen in Scheiben schneiden, Frühlingszwiebeln in Ringe.

● Möhren zuerst von allen Seiten anbraten, Zwiebeln dazugeben und mit anbraten. Dann Radieschen hinzufügen. Den Couscous obenauf geben und kurz mit anbraten. Die kalte Brühe dazugießen und mit 4 Prisen Salz zum Kochen bringen. Aufkochen und auf kleinster Stufe 20 Min. ziehen lassen.

● Kräuter und Feldsalat waschen, Kräuterblättchen von den Stielen zupfen und mit dem Feldsalat trocken schleudern.

● Zitrone filetieren. Dazu dicke Schale der ganzen Zitrone vollständig abschneiden. Zitronenfilets zwischen den Trennhäuten herausschneiden und dann in kleine Stücke schneiden. Unter den Feldsalat und die Kräuter mischen. Mit dem Olivenöl und etwas Salz anmachen.

● Fisch kalt abspülen, trocken tupfen und mit Salz und Zitronensaft marinieren. Fischfilets in Mehl wenden. Öl in der Pfanne erhitzen und den Fisch von beiden Seiten ca. 2 Min. braten. Danach bei niedriger Temperatur garen oder ziehen lassen, ca. 2–3 Min, je nachdem, wie dick der Fisch ist.

● Gemüse-Couscous auf Teller geben, Fisch darauflegen und den Salat dazu servieren.

Variante Anstelle von Kabeljau Zander oder einen anderen Weißfisch verwenden.

Kabeljau im Sesammantel mit Gemüsepüree

Für 4 Portionen
60 Min.

Für das Gemüsepüree
100 g Zwiebeln • 500 g Kürbis • 200 g Möhren • Olivenöl • Salz • ein paar Tropfen Umeboshi-Essig (optional) oder Zitronensaft
Für den Fisch
800 g Kabeljau • 1 Zitrone (Saft) • Salz • 4 EL Maisstärke • 200 g Sesam • Öl zum Braten

- Gemüse für das Püree putzen und klein schneiden. Zwiebeln kurz anbraten, dann Kürbis und Möhren dazugeben. So viel Wasser dazugeben, dass alles kaum bedeckt ist.

- Ca. 20 Min. kochen, bis das Gemüse gar ist. Pürieren und mit 2 Prisen Salz und Umeboshi-Essig oder Zitronensaft abschmecken.

- Kabeljau in 4 Stücke schneiden, abwaschen und gut abtupfen. Zitrone auspressen und den Saft von allen Seiten auf den Fisch träufeln. Salzen.

- Stärke mit wenig Wasser anrühren und auf einen tiefen Teller geben. Auf einen weiteren Teller Sesam geben. Fisch erst in der Stärke, dann im Sesam wälzen.

- Fisch im heißen Öl von beiden Seiten je 3 Min. braten. Dann Hitze reduzieren und den Fisch nur noch ziehen lassen. Er sollte eben gerade durch sein.

Tipp Das Gemüsepüree befriedigt unser Bedürfnis nach süßem Geschmack und entspannt die inneren Organe. Mit dem Fisch wird eine vollwertige leichte Mahlzeit daraus.

« Fischburger mit Kräutern und Maiskolben

Fischburger mit Kräutern und Maiskolben

Für 4 Portionen
60 Min.

Für die Fischburger
2 Zwiebeln • 1 Bund Kräuter nach Wahl • 800 g Seelachs oder Lachs • 2 EL Mehl • Salz • 1 EL Zitronensaft • 2 TL Ingwersaft (optional) • 80 g Paniermehl • Olivenöl zum Braten
Für die Mayonnaise
200 ml Hafersahne • 1 TL körniger Senf • ½ TL Salz • 1–2 TL Zitronensaft nach Geschmack
Für die Maiskolben
4 Maiskolben • Salz

- Für die Fischburger Zwiebeln und Kräuter fein hacken. Fisch mit einer Pinzette entgräten und pürieren. Mehl und Salz hinzugeben, Zwiebeln und Kräuter untermischen. Mit Zitronen- und Ingwersaft abschmecken.

- Frikadellen formen und in Paniermehl wenden. Frikadellen in heißem Fett von beiden Seiten kurz anbraten, dann Hitze reduzieren und gar ziehen lassen. Je nach Größe dauert das ca. 3–4 Min.

- Zutaten für die Mayonnaise verrühren.

- Maiskolben in wenig Wasser kochen – ohne Salz, sonst werden sie nicht gar. Ich koche Maiskolben bis zu 45 Min. Mit etwas Salz bestreuen und zu den Fischburgern und der Mayonnaise servieren.

Tipp Gekochter Mais setzt nach längerer Kochzeit immer mehr Antioxidantien frei, die vor Gefäß- und Zellschäden schützen. Nach 10 Min. Kochen bei 115 Grad ist der Anteil der Antioxidantien um 20 % gestiegen. Nach 20 Min. hat er sich verdoppelt, nach 50 Min. liegt er um 50 % höher als beim rohen Maiskolben.

Fischfilet im Kräuterbett mit Tabouleh

Für 4 Portionen

60 Min.

Für das Tabuleh

- 225 g Bulgur
- 100 g Erbsen (frisch oder TK)
- 2 Möhren
- 1 Zwiebel
- 1 großes Bund glatte Petersilie
- etwas frische Minze (optional)
- 1 Zitrone (Saft)
- 2 EL Olivenöl
- Salz

Für den Fisch

- 1 Limone (Saft)
- 1 TL Ingwersaft
- 4 Fischfilets, auch gemischt mit ähnlicher Dicke, z. B. Heilbutt, Lachs oder Seelachs
- 2 dicke Bund frische Kräuter, z. B. Liebstöckel, Dill, Petersilie, Basilikum, Kerbel, Minze, Koriander
- Salz

Für den Sud

- 3 EL Zitronensaft
- 2 EL Meersalz
- 3 Sternanis
- 1 Lorbeerblatt
- 2 EL Reis- oder Apfelessig
- 1 Zwiebel
- 3 Pimentkörner
- 750 ml Wasser

- Für das Tabuleh Bulgur in eine Schüssel geben und 350 ml heißes Wasser zufügen. Bulgur 30 Min. ausquellen lassen.

- Möhren putzen und würfeln. Erbsen und Möhren blanchieren und zum Bulgur geben. Zwiebel in feine Streifen schneiden und mit dem Bulgur vermischen.

- Petersilie und Minze grob hacken und unter den Bulgur mischen.

- Zitrone auspressen und mit Olivenöl zu einer Marinade rühren. Mit Salz abschmecken und unter den Bulgur mischen.

- Für den Fisch Limone auspressen. Mit dem Ingwersaft mischen und die Filets darin 30 Min. marinieren.

- Kräuter waschen. Einen Bambuskorb (Asialaden) oder ein Dämpfsieb reichlich mit Kräutern auslegen. Filets salzen und auf die Kräuter legen.

- Zutaten für den Sud in einen Topf geben und den Bambuskorb daraufsetzen. Er sollte gut passen. Filets ca. 10–15 Min. dämpfen, sodass der Fisch gerade eben gar ist.

- Fischfilets mit dem Tabuleh servieren.

Fischgratin

Für 4 Portionen
40 Min.

800 g Fischfilet • 2 EL Zitronensaft • 2 gestr. TL Kräutersalz • 250 g Seidentofu • 100 g Shiro Miso • 2–3 Stängel Dill • 3 EL Olivenöl

- Backofen auf 180 Grad vorheizen.

- Fisch kalt abwaschen und trocken tupfen. Mit Zitronensaft und Salz marinieren und in eine geölte Auflaufform legen.

- Seidentofu mit Kräutersalz, Shiro Miso und Dill pürieren. Über den Fisch streichen. 30 Min. backen.

Das passt dazu Reis (Seite 128), Gurken-Dill-Salat, geschmorte Möhren oder grünes Gemüse

Heringsfilet mit Bohnen und Süßkartoffeln

Für 4 Portionen
40 Min.

3–4 Süßkartoffeln je nach Größe • Olivenöl • Salz • 500 g grüne Bohnen • 1 TL Zitronensaft • 4 Heringsfilets

- Süßkartoffeln schälen, in 1 cm dicke Scheiben schneiden und diese halbieren (Halbmonde). Im Dämpfsieb fast weich kochen. Dann in der Pfanne kurz von allen Seiten anbraten und salzen.

- Bohnen putzen und die Enden abschneiden. Einen Topf zu ¾ mit Wasser füllen, mit 1 TL Salz zum Kochen bringen und die Stangenbohnen darin ca. 5 Min. blanchieren. Wichtig ist, dass sie nicht verkochen.

- Mit einem Schaumlöffel aus dem Wasser nehmen und auf einem Küchentuch abtropfen lassen. Mit etwas Olivenöl, etwas Salz und Zitronensaft vermischen.

- Bohnen mit Süßkartoffeln und Heringsfilets auf Tellern anrichten und servieren.

Varianten

- Einige Apfelscheiben in wenig Öl schmoren und zu den Stangenbohnen geben.
- Die Bohnen mit Pesto vermischen.

Tortillas mit Kidneybohnen und Avocado-Dip

Für 6 Portionen
50 Min.

Für die Kidneybohnen
- 1 Zwiebel
- Knoblauch (optional)
- 2 Möhren
- Öl zum Braten
- Sojasauce
- 400 g gekochte Kidneybohnen (selbst gekocht oder Glas)
- 200 g Mais (Glas)
- Oregano
- evtl. etwas Stärke
- 1 TL Kräutersalz
- 1 kleiner Schuss Balsamico-Essig
- frischer Koriander

Für die Tortillas
- 200 g feines Dinkelmehl, Type 650
- Salz
- 250 ml kochendes Wasser
- 50 g Mehl zum Ausrollen

Für den Avocado-Dip
- 2 Avocados
- etwas Kräutersalz oder Umeboshi-Paste
- 2–3 EL Zitronensaft

- Für die Kidneybohnen Zwiebel und Knoblauch schälen und in Halbmonde oder Würfel schneiden. Möhren putzen und würfeln.

- Zwiebel anbraten, bis sie glasig ist, dann Möhren und danach Knoblauch dazugeben und mit anbraten. Mit einem Schuss Sojasauce würzen. Kidneybohnen abgießen, Flüssigkeit auffangen, und Bohnen ohne Flüssigkeit obenauf geben. Mais mit Flüssigkeit dazugeben. Das Gemüse in ca. 10 Min. gar kochen und in den letzten 5 Min. Oregano mit köcheln lassen.

- Falls der Eintopf zu trocken ist, noch etwas Bohnenwasser dazugeben. Falls er zu flüssig ist, mit etwas angerührter Stärke binden. Mit Kräutersalz, einem Schuss Balsamico-Essig und gehacktem Koriander würzen.

- Für die Tortillas Mehl und ½ TL Salz einer Schüssel vermischen. Wasser langsam hinzugeben. Alles miteinander verkneten, bis eine klebrige Teigkugel entsteht. Falls sie nicht klebt, noch ganz wenig Wasser hinzugeben.

- Kugel in Klarsichtfolie wickeln und 15 Min. in den Kühlschrank legen. In der Zeit kannst du den Avocado-Dip fertig machen.

- Teig in 6 Teile teilen und jeweils zu einer Kugel formen. Arbeitsfläche mit Mehl bestäuben und die Kugeln zu möglichst dünnen Fladen ausrollen.

- Eine beschichtete Pfanne ohne Fett erhitzen und die Fladen von jeder Seite 1–2 Min. backen.

- Für den Avocado-Dip Avocado aufschneiden, Kern herauslösen und Fruchtfleisch in eine Schüssel geben. Die anderen Zutaten dazugeben und alles pürieren.

Das passt dazu grünes Gemüse nach Wahl

Weiße-Bohnen-Eintopf mit Salat

Für 4 Portionen
90 Min. + Einweichzeit über Nacht

Für den Bohnen-Eintopf
- 280 g weiße Bohnen
- 1 Lorbeerblatt
- 1 Knoblauchzehe
- 200 g Sellerie
- 1 Möhre
- 200 g Kürbis
- Olivenöl
- Thymian oder Oregano nach Geschmack
- Kräutersalz oder Gemüsebrühe ohne Hefe
- 1–2 EL Stärke, z. B. Kuzu oder Maisstärke
- Hafersahne (optional)

Für den Salat
- 1 kleiner Eisbergsalat
- eine Handvoll Feldsalat
- 2 EL Olivenöl
- Salz
- 2–3 EL Zitronensaft
- 50 g entsteinte Oliven

- Für den Eintopf weiße Bohnen über Nacht einweichen. Einweichwasser weggießen. Bohnen in 800 ml Wasser mit Lorbeerblatt und Knoblauch 1 Std. im normalen Topf oder 30 Min. im Dampfdrucktopf kochen. Sie sollen weich sein, aber nicht zerfallen.

- Sellerie, Möhre und Kürbis putzen und würfeln. Selleriewürfel zuerst anbraten, dann Möhren und Kürbis dazugeben. Thymian oder Oregano hinzufügen und alles gar kochen. Die Bohnen erst gegen Ende zufügen.

- Mit Kräutersalz oder etwas Gemüsebrühe abschmecken. Zum Andicken Stärke anrühren und in die kochende Flüssigkeit geben. Wer es cremiger mag, rührt noch etwas Hafersahne ein.

- Beide Salatsorten putzen. Olivenöl, 2 Prisen Salz und Zitronensaft in ein Glas mit Schraubverschluss geben und gut durchschütteln.

- Oliven mit dem Dressing unter den Salat mischen. Salat zum Eintopf servieren.

Variante Anstelle von weißen Bohnen Kichererbsen verwenden.

Tipp Wenn es kalt ist, statt Salat gemischtes blanchiertes Gemüse zum Eintopf servieren, z. B. Möhren, Kohl, Blumenkohl.

Polentaschnitten mit Bohnen-Hummus und Ofengemüse

Für 4 Portionen

70 Min.

Für das Ofengemüse
- 500 g Möhren
- ½ Sellerie
- 2 Pastinaken
- 2 große Zwiebeln
- 2 Knoblauchzehen
- 3 EL Olivenöl
- Salz
- einige Zweige Rosmarin

Für die Polentaschnitten
- 1 Knoblauchzehe (optional)
- 80 g frische Champignons
- 1 TL Olivenöl
- Wasser oder Gemüsebrühe (Seite 74)
- ½ TL Salz oder 1 TL Gemüsebrühe
- 250 g Polenta
- 1 Handvoll frisches Basilikum

Für den Bohnen-Hummus
- 500 g gekochte weiße Bohnen (Glas)
- 2 Zitronen
- 1 Bund Basilikum
- 3–4 Knoblauchzehen
- 2 TL Kreuzkümmel nach Geschmack
- 1 TL Kurkuma
- Salz
- 6 EL Olivenöl
- 3 EL Tahin (Sesammus)
- ca. 60 ml Bohnenwasser

- Für das Ofengemüse Möhren, Sellerie und Pastinaken putzen und in Stifte schneiden. Zwiebeln vierteln, Knoblauchzehen schälen und ganz lassen, sie sollen nur Aroma geben.

- Backofen auf 200 Grad (Umluft 180 Grad) vorheizen.

- 2 EL Öl und Salz verrühren und mit Gemüse, Knoblauch und Rosmarinzweigen in einer Schüssel vermengen. Ofenblech mit wenig Öl bestreichen, Gemüse darauf verteilen und auf der mittleren Schiene ca. 45 Min. garen. Zwischendurch einmal wenden.

- Für die Polentaschnitten Knoblauch hacken und Pilze in Scheiben schneiden. Anbraten, 1 l Wasser und Salz hinzufügen.

- Wenn das Wasser kocht, Polenta langsam einrieseln lassen. Dabei ständig rühren – je mehr man rührt, desto besser schmeckt sie. Nach dem ersten Aufkochen Hitze reduzieren, denn die heiße Polenta spritzt leicht.

- Polentamasse 2 cm dick auf ein Blech oder in eine Auflaufform streichen und erkalten lassen. Dann in Dreiecke oder Rechtecke schneiden und von beiden Seiten anbraten.

- Für den Hummus Bohnen abtropfen lassen und das Bohnenwasser auffangen. Zitronen auspressen. Alle Gewürze, Zitronensaft, Öl und Tahin hinzufügen und pürieren.

- Nach und nach Bohnenwasser hinzugießen, bis der Hummus eine gute Konsistenz hat. Mit Salz abschmecken, evtl. noch mehr Zitronensaft oder auch Kreuzkümmel dazugeben.

- Polentaschnitten mit dem Ofengemüse servieren. Hummus dazu reichen.

Variante Wenn du wenig Zeit hast, kannst du die fertig gekochte Polenta auch als Brei essen.

Tipp Polentaschnitten nach dem Braten mit Sojasauce besprenkeln oder mit etwas Pesto bestreichen.

Schwarze Sojabohnen

Für 2–4 Portionen
40 Min.

120 g schwarze Sojabohnen • 1 Zwiebel • 1 Stange Lauch • 2 mittelgroße Möhren • Kokosöl • Meersalz • Oregano • Sojasauce (optional)

- Sojabohnen kochen (Seite 49). Zwiebel und Lauch in Halbmonde schneiden. Möhren würfeln.

- Kokosöl erwärmen und die Zwiebel langsam glasig braten. ½ TL Salz und Lauch hinzufügen. Etwas garen, dann die Möhrenwürfel einige Min. vorsichtig mit anbraten. 50 ml Wasser hinzugeben und zudecken.

- Nach 5 Min. Sojabohnen und Oregano hinzugeben. Mit etwas Salz oder Sojasauce abschmecken. Noch ca. 3 Min. weiter schmoren lassen. Bei Bedarf etwas Wasser zufüg. Falls das Gericht zu flüssig ist, mit Stärke, z. B. Kuzu, andicken.

Das passt dazu Hirse-Blumenkohl-Stampf (Seite 127), frittiertes oder blanchiertes Gemüse, Meeresalgen, Fisch oder gebratener Tempeh

Variante Du kannst natürlich auch schwarze Bohnen nehmen. Sie sind günstiger und leichter zu bekommen.

Azukibohnen-Frikadellen

Für 4–6 Stück
90 Min.

120 g Azukibohnen • 100 g Quinoa • 2 EL gemahlener Leinsamen • 1 rote Zwiebel • 3 cm Ingwer • 2 mittelgroße Möhren • 1 kleine Zucchini • 3 EL geröstete Sonnenblumenkerne • ½ TL Kurkuma • gemahlene Kreuzkümmel- und Koriandersamen nach Geschmack • Salz • Öl zum Braten

- Azukibohnen weich kochen (Seite 49). Quinoa kochen. Leinsamen mit 10 EL Wasser verrühren und quellen lassen.

- Zwiebel und Ingwer schälen und sehr fein hacken. Möhren und Zucchini putzen und fein reiben.

- Bohnen abgießen. Die Hälfte der gekochten Bohnen mit einer Gabel oder einem Kartoffelstampfer zerdrücken. Restliche Bohnen und alle anderen Zutaten hinzugeben, gut verkneten und mit Salz abschmecken.

- Aus der Masse 4–6 Frikadellen formen und von beiden Seiten anbraten.

Das passt dazu Polentaschnitten (Seite 110), Reis (Seite 128), Feldsalat, gebackener Kürbis (Seite 112), grünes Gemüse, frittierte Nori-Chips (Seite 98)

Variante Gewürzt mit Oregano, Basilikum oder Thymian schmecken die Frikadellen auch gut.

Tipp Wenn du es dir ganz einfach machen möchtest: Backofen auf 190 Grad vorheizen. Backblech mit Backpapier auslegen. Frikadellen von allen Seiten mit etwas Öl bepinseln, damit sie knusprig werden, und 30 Min. backen.

Kürbis mit Walnussfüllung

Für 4 Portionen

30 Min. + 60 Min. Backzeit

1 Hokkaido-Kürbis (ca. 800 g) • 200 g Seitan, Tofu oder gekochte Kichererbsen • 100 g Champignons • 80 g Maronen (geschält und gekocht) • 1 Zwiebel • 80 g Walnüsse • Salz oder Sojasauce • etwas Öl

- Kürbis oben kreisförmig einschneiden und den »Deckel« abheben. Mit einem Löffel die Kerne herauskratzen. Kürbis rundherum mit der Gabel einstechen .

- Den Backofen auf 200 Grad vorheizen.

- Für die Füllung Seitan oder Tofu und Champignons pürieren. Maronen zerkleinern, Zwiebeln ganz fein hacken, Walnüsse grob hacken und alles vermischen. Mit Salz oder Sojasauce würzen. Die Masse in den Kürbis füllen und den Deckel wieder aufsetzen.

- Den gefüllten Kürbis von außen etwas einölen. In eine feuerfeste Form oder auf ein Blech setzen und im Backofen bei 200 Grad ca. 1 Std. backen, bis der Kürbis weich ist.

Das passt dazu gebratener Reis, gedämpfter Spitzkohl (Seite 119)

Azukibohnen mit Hokkaido-Kürbis

Für 4 Portionen

80 Min.

100 g Azuki • 300 g Hokkaido-Kürbis • 1 Knoblauchzehe (optional) • Kokosöl oder ein anderes Öl zum Braten • Salz • frischer Koriander oder Petersilie

- Azukibohnen nach dem Grundrezept kochen (Seite 49).

- Kürbis entkernen und mit Schale in Würfel schneiden. Knoblauch pressen. Kürbis mit Knoblauch in Öl von allen Seiten anbraten. Wenig Wasser dazugeben und den Kürbis gar kochen.

- Azukibohnen obenauf geben, alles miteinander vermischen und mit Salz abschmecken. Koriander hacken und vor dem Servieren über die Bohnen streuen.

Das passt dazu Hirse-Blumenkohl-Stampf (Seite 127), Möhren mit Pastinaken, Gurkensalat, Meeresalgen, grüner Salat und Pickles (Seite 122)

Varianten Anstelle von Salz Sojasauce nehmen. Oder alles pürieren und mit Basilikum abschmecken.

» Kürbis mit Walnussfüllung

Beilagen

Goldlasierte Möhren

Für 4 Portionen
⏲ 50 Min.

500 g bunte Möhren • 4 EL Oliven- oder Kokosöl • etwas Salz • 1–2 Zweige Rosmarin • etwas Sojasauce

- Möhren waschen und ggf. schälen. Vierteln und die Viertel halbieren.

- Öl erwärmen. Möhren dazugeben und bei mittlerer Hitze anbraten. Dabei umrühren, sodass sie von allen Seiten Öl bekommen. 2 Prisen Salz und Rosmarinzweige hinzugeben. Deckel auflegen und die Temperatur stark reduzieren.

- Möhren insgesamt ca. 35–40 Min. im eigenen Saft schmoren. Am Anfang ab und zu umrühren, damit nichts anbrennt. Bei Bedarf wenig Wasser hizufügen.

- Mit etwas Sojasauce beträufeln und servieren.

Das passt dazu Eintopf, Fisch oder gebratene Tempeh-Taler

Varianten Anstelle von Sojasauce Kräutersalz oder Shiro Miso mit wenig Wasser anrühren und auf die fertigen Möhren träufeln oder Möhren mit gerösteten Sonnenblumen- oder Pinienkernen bestreut servieren.

Tipp Ein gusseiserner Topf eignet sich für die Zubereitung der Möhren hervorragend, weil kein Wasserdampf entweichen kann. Aber natürlich kannst du sie auch in einem normalen Topf kochen.

Gebackener Kürbis

Für 4 Portionen
35 Min.

800 g Kürbis • etwas Öl • Salz • Kräuter, z. B. Oregano, Thymian • 2 EL gerösteter schwarzer Sesam

● Backofen auf 200 Grad vorheizen. Kürbis entkernen und in Spalten schneiden. Kräuter hacken.

● Kürbisspalten in eine Schüssel geben, mit Öl vermischen. Leicht salzen und Kräuter untermischen. Auf ein mit Backpapier belegtes Blech legen und ca. 20 Min. backen.

● Mit Sesam bestreuen und servieren.

Das passt dazu schwarze Bohnen, Gurkensalat

Dänische Rote Bete

Für 4 Portionen
55 Min.

3 Rote Beten • 250 ml Apfelsaft • Salz • 2 Nelken • 1 EL Apfelessig • 2 EL Kuzu oder Maisstärke

● Rote Bete schälen, halbieren und in dünne Halbmonde schneiden, am besten mit Handschuhen, denn sie färben stark.

● Rote Bete in einen Topf geben und mit Apfelsaft halb bedecken. Mit 1 Prise Salz und Nelken zum Kochen bringen. Auf kleiner Hitze ca. 30 Min. kochen, bis das Gemüse weich ist.

● Essig hinzugeben. Kuzu oder Maisstärke anrühren und die Kochflüssigkeit andicken. Vor dem Servieren Nelken herausfischen.

Grünkohl mit geröstetem Sesam

Für 4 Portionen
20 Min.

10–14 Stiele Grünkohl
Für die Sauce
1 EL Olivenöl • 1 TL Reissirup • 1 EL Wasser • 2 Prisen Salz • 2 EL Zitrone • 3 EL gerösteter Sesam

● Grünkohl vom Stiel befreien und gut waschen. Einen Topf zu ¾ mit Wasser füllen und zum Kochen bringen. Grünkohl darin 5–8 Min. blanchieren. Mit einer Schaumkelle herausnehmen und gut abtropfen lassen.

● Zutaten für die Saucen gut verrühren und unter den Grünkohl mischen.

Das passt dazu schwarze Sojabohnen (Seite 111), Weiße-Bohnen-Eintopf (Seite 109), warmer Porridge, süßes Gemüsepüree

Varianten
- in der Pfanne braten wie den Schwarzkohl (Seite 119)
- mit gerösteten gehackten Mandeln oder Sonnenblumenkernen servieren
- mit etwas Sauerkraut vermischen
- einfach nur dämpfen
- etwas Umeboshi-Essig darüberspritzen

» Dänische Rote Bete

Gedämpfter Spitzkohl

Für 4 Portionen
15 Min.

1 Spitzkohl • Salz

- Spitzkohl waschen, die äußeren Blätter entfernen. Dämpfsieb in einen Topf einsetzen und ca. 2 cm hoch Wasser mit 1 Prise Salz hineingeben.

- Spitzkohl halbieren, Strunk herausschneiden und zum Kochen von Gemüsebrühe (Seite 74) aufbewahren. Spitzkohl vierteln, dann in große Stücke schneiden. Alles ins Dämpfsieb geben und in ca. 8 Min. gar kochen.

Das passt dazu Azukibohnen-Frikadellen (Seite 111), Porridge, Fisch

Weiße-Bohnen-Salat

Für 4 Portionen
15 Min. + 30 Min. Ziehzeit

1 rote Zwiebel • 2 EL schwarze Oliven ohne Stein • ½ Bio-Zitrone • 400 g gekochte weiße Bohnen (Glas) • Salz • Olivenöl • Reisessig • Zitronensaft

- Zwiebel in halbe Ringe schneiden, Oliven hacken und Zitrone mit Schale in feine Scheiben schneiden. Alles zu den Bohnen geben und salzen.

- Olivenöl mit Reisessig und Zitronensaft sorgfältig verrühren und über den Bohnensalat geben. 30 Min. durchziehen lassen.

Das passt dazu Reis (Seite 128) und Salat

« Apfel-Möhren-Sauerkrautsalat

Schwarzkohl mit Zwiebeln

Für 4 Portionen
20 Min.

Salz • 2 Köpfe Schwarzkohl • 1 rote Zwiebel • Olivenöl

- Topf zu ¾ mit Wasser füllen und mit 2 Prisen Salz zum Kochen bringen.

- Schwarzkohl gut abwaschen, entstielen und die Blätter in 6–8 Min. gar kochen. Zwischendurch einfach mal ein Blatt herausnehmen und probieren, ob es schon gar ist.

- Zwiebel fein hacken und glasig schmoren. Ist der Schwarzkohl gar, mit dem Schaumlöffel aus dem Topf heben und ohne Abtropfen direkt in die Pfanne geben. Mit Zwiebel und etwas Salz mischen. Kurz bei starker Hitze braten, bis alles Wasser weg ist und der Schwarzkohl glänzt.

Das passt dazu Fisch und Hülsenfrüchte

Apfel-Möhren-Sauerkrautsalat

Für 4 Portionen
20 Min.

3 Äpfel • 3 Möhren • 3 EL Sauerkraut

- Äpfel und Möhren waschen und fein reiben.

- Mit dem Sauerkraut vermischen und sofort servieren.

Das passt dazu Sellerieschnitzel (Seite 94) mit Kichererbsen-Hummus (Seite 94)

Mediterraner Brokkoli-Salat

Für 4 Portionen
20 Min.

1 Brokkoli • 1 kleine Zwiebel • 1 Knoblauchzehe (optional) • Olivenöl • Kräutersalz • 50 g Mandelstifte

- Brokkoli putzen und in Röschen schneiden. Strunk schälen – darin sind die meisten Mineralstoffe enthalten, außer er ist holzig – und in Würfel schneiden. Zwiebel und ggf. Knoblauch schälen und fein hacken.

- Brokkoli kurz blanchieren oder ganz kurz dämpfen, sodass er ein bisschen gegart ist. Noch bissfest aus dem Topf heben und im Sieb abtropfen lassen.

- Öl in eine heiße Pfanne geben und die Zwiebel glasig schmoren. Brokkoli und ggf. Knoblauch dazugeben und schmoren, bis er gar ist. Mit Kräutersalz abschmecken. Mit gerösteten Mandelstiften mischen und servieren.

Das passt dazu Azukibohnen mit Kürbis (Seite 112), Nori-Algen

Variante Mandelstifte ohne Öl von allen Seiten rösten. Vorsicht, sie brennen schnell an!

Endiviensalat

Für 4 Portionen
10 Min.

1 Endivie • 1 kleines Bund Dill • 4 EL Olivenöl • ½ Zitrone (Saft) • 2 EL Reissirup • ½ gestr. TL Salz • 1 EL Shiro Miso • 200 ml Hafersahne

- Endivie waschen, der Länge nach vierteln und in Streifen schneiden.

- Dill hacken. Wenn die Stiele sehr dick und hart sind, nur das feine Grün verwenden. In ein hohes Gefäß geben, Öl dazugießen und pürieren.

- Zitrone auspressen. Zitronensaft, Reissirup, Salz, Shiro Miso und Hafersahne dazugeben und nochmals pürieren. Nach Geschmack nachwürzen.

- Über die Endivienblätter geben und sofort servieren.

Tipp Endiviensalat ist leicht bitter und regt dadurch die Verdauungssäfte an. Mische ihn mit anderen Salatsorten, um den bitteren Geschmack abzumildern – es sei denn, du liebst den bitteren Geschmack (so wie ich).

» Mediterraner Brokkoli-Salat

Pickles – fermentiertes Gemüse

Als es noch keinen Kühlschrank gab, wurden Gemüse, Fisch und Fleisch fermentiert, um sie haltbar zu machen. Wir alle kennen Sauerkraut und eingelegte Gurken, die ein Essen so richtig aufpeppen können – und außerdem super gesund sind!

Fermentiertes Gemüse ist reich an Enzymen und Milchsäurebakterien, die für den gesamten Verdauungsprozess außerordentlich unterstützend sind. Unsere Bauchspeicheldrüse wird dadurch aktiver und produziert mehr Verdauungsenzyme und Hormone, die den Blutzuckerspiegel stabilisieren.

Sauerkraut ist das bekannteste eingelegte Gemüse. Du kannst es fertig kaufen und regelmäßig in kleinen Mengen zum Essen dazuessen, ein Esslöffel am Tag reicht.

Mein Grundrezept für Mixed Pickles

Für 1 Glas (1 l)
30 Min. + Abkühlzeit

- Salz
- 1 Möhre
- ¼ Blumenkohl
- 6 Radieschen
- 1 Glas für 1 l Flüssigkeit
- 1 Kohlblatt z. B. ein Blatt Chinakohl

● ½ l Wasser aufkochen und 2½ TL Salz hinzugeben. Dann auf Zimmertemperatur abkühlen lassen.

● Möhre in kleine Würfel oder Stifte und Blumenkohl in Röschen schneiden. Radieschen vierteln. Gemüse in das Glas geben und mit dem gesalzenen Wasser bedecken. Das Gemüse muss komplett bedeckt sein, sonst kann es faulig werden.

● Das Gemüse zusätzlich mit einem Chinakohlblatt abdecken und den Deckel auflegen – nicht zu schrauben. Das Glas bei Zimmertemperatur stehen lassen.

● Nach 3 Tagen mit einem sauberen Löffel das Wasser probieren. Es sollte jetzt sauer schmecken. Wenn es noch salzig schmeckt, lasse die Pickles noch 1–2 Tage länger stehen – dann sollten sie sauer schmecken und sind fertig. Nun kannst du sie essen. Das Kohlblatt herausnehmen, das Glas zu schrauben und ab jetzt im Kühlschrank aufbewahren. .

Varianten

- Zitronenschale hinzufügen, dadurch werden sie noch erfrischender
- frische Kräuter hinzufügen, z. B. Dill, Petersilie, Schnittlauch
- Knoblauch oder Ingwer hinzufügen, dadurch werden sie schärfer und wirken auch erwärmend.

Kimchi mit Pak Choi

Für 4 Portionen
⏲ 30 Min. + 8–11 Tage Wartezeit

1 Bund Pak Choi • Salz • 2 Möhren • 2 Frühlingszwiebeln • 4 Knoblauchzehen • 4 cm Ingwer • 1 EL Sojasauce • 1 EL Weißweinessig • 1 TL Zucker • 1 TL Paprikapulver • 1 großes Schraubglas

- Pak Choi längs vierteln und quer in 2–3 cm lange Stücke schneiden. Den Strunk ganz fein schneiden. Mit 1 TL Salz vermischen und komplett mit Wasser bedecken. 4 Std. lang einweichen, dabei mit einem Teller beschweren. Dann das Wasser abgießen und das Gemüse gut abtropfen lassen. Das Wasser aufbewahren, evtl. wird es noch benötigt.

- Möhren und Frühlingszwiebeln in ganz feine Streifen schneiden oder hobeln.

- Knoblauch und Ingwer schälen, Knoblauch fein hacken, Ingwer fein reiben.

- Alle Zutaten zum Pak Choi geben und ca. 5 Min. kräftig miteinander verkneten. Das austretende Wasser auffangen.

- Gemüse in ein steriles Glas geben, fest andrücken und die Flüssigkeit mit ins Glas geben, sodass das Gemüse gut bedeckt ist.

- Deckel nicht komplett zuschrauben. Bei Zimmertemperatur 3–4 Tage stehen lassen. Dann zuschrauben und für 5–7 Tage in den Kühlschrank stellen. So wird die Fermentation gestoppt. Danach kannst du das Kimchi essen.

Tipp Pak Choi ist eine milde Kohlart aus Asien. Sie sieht so ähnlich aus wie Mangold.

Rettich-Gurken-Pickles

Für 4 Portionen
⏲ 15 Min. + 30 Min. Abtropfzeit

1 weißer Rettich • 1 Gurke • 1 kleines Bund Petersilie • 1 Apfel • Salz • 1½ TL Umeboshi- oder Apfelessig

- Rettich und Gurke evtl. schälen und in möglichst dünne Scheiben schneiden. Petersilie fein hacken. Apfel in kleine Würfel schneiden.

- Rettich und Gurke in eine große Schale geben und mit 1 TL Salz gut durchmischen, sodass das Gemüse Wasser zieht. In einem Sieb ca. 30 Min. abtropfen lassen. Falls sich gar kein Wasser bildet, ist das Gemüse vielleicht nicht gut mit dem Salz vermischt oder es ist zu wenig Salz. Evtl. noch etwas Salz hinzugeben.

- Nach 30 Min. die Flüssigkeit abgießen und mit den restlichen Zutaten vermischen.

Spitzkohl-Pickles mit Kürbiskernen

Für 4 Portionen
20 Min. + 60 Min. Abtropfzeit

1 kleiner Spitzkohl • 1 TL Salz • 2 EL Kürbiskerne • 1–2 EL Reisessig

- Spitzkohl vierteln und in sehr feine Streifen schneiden. Ca. 10 Min. mit dem Salz verkneten, bis die Spitzkohlstreifen glasig werden und Wasser lassen. 30–60 Min. in einem Sieb abtropfen lassen.

- Kürbiskerne abwaschen und in einer Pfanne ohne Fett rösten, bis sie anfangen zu duften. Dabei sorgfältig bewegen, damit sie gleichmäßig gegart werden.

- Reisessig zum Spitzkohl geben und mit den Kernen vermischen.

Knoblauch-Miso-Pickles

Für 20 Stück
10 Min. + 4 Wochen Ziehzeit

20 Knoblauchzehen • 125 g Gerstenmiso

- Knoblauchzehen schälen und in ein Glas mit Gerstenmiso geben.

- 4 Wochen stehen lassen. Danach 1–2 Zehen pro Tag und Person genießen.

Das passt dazu Reis (Seite 128) und Gemüse

Tipp Wunderbar wärmend – vor allem in der kalten Jahreszeit

Hijiki-Algen mit gerösteten Mandeln

Für 4 Portionen
45 Min. + 20 Min. Einweichzeit

1 Handvoll Hijiki-Algen • 1 EL Sesamöl • 1½ EL Sojasauce • 1 Handvoll Mandeln

- Hijiki in kaltem Wasser 20 Min. einweichen. Gut abtropfen lassen und das Wasser weggießen.

- Öl in den Topf geben und die Hijiki von allen Seiten anbraten. Die Algen halb mit Wasser bedecken und mit offenem Deckel 10 Min. köcheln lassen. Darauf achten, dass genug Wasser im Topf ist.

- Sojasauce hinzufügen – so viel, dass das Kochwasser der Hijiki etwas zu salzig schmeckt. Deckel auflegen und 20–30 Min. kochen lassen. Am Schluss sollte kaum noch Wasser im Topf sein.

- Mandeln rösten und hacken. Mit den Hijikialgen mischen und sofort servieren.

Das passt dazu Tempeh Stroganoff (Seite 99) mit Bandnudeln, Seitangulasch (Seite 98), Azukibohnen mit Kürbis (Seite 112)

Varianten
- Sauerkraut untermischen
- Petersilie fein hacken und untermischen
- Tempeh mitkochen
- Shiitakepilze oder Champignons mitkochen

Tipp Hijiki ist sehr eiweiß- und eisenhaltig und enthält wesentlich mehr Kalzium als Milch (siehe Tabelle kalziumhaltiger Lebensmittel, Seite 36).

Arame-Algen mit Senf

Für 4 Portionen
20 Min. + 10 Min. Einweichzeit

1 Handvoll Arame-Algen • 2 EL Sojasauce • 1 geh. TL körniger Senf

- Arame 10 Min. in kaltem Wasser einweichen. Wasser weggießen und die Algen gut abtropfen lassen.

- Arame halb mit Wasser bedecken und im offenen Topf kochen, bis ¾ des Wassers verkocht sind. Sojasauce hineingeben und weiterkochen, bis alle Flüssigkeit verkocht ist. Vom Herd ziehen und mit Senf vermischen.

Das passt dazu Linsenpaté (Seite 93), Hummus (Seite 94), Weiße-Bohnen-Salat (Seite 119), Azukibohnen-Frikadellen (Seite 111)

Varianten
- mit geröstetem Sesam mischen
- einen kleinen Schuss Reisessig, Zitrone oder Ingwer mit hineingeben
- mit Gurkenstückchen vermischen

Grundrezept Hirse

Für 3–4 Portionen
25 Min.

140 g Hirse • Salz

- Hirse abwaschen. Mit 600 ml Wasser und 3 Prisen Salz 20 Min. kochen, ohne umzurühren!

Tipp Hirse enthält Silicium, Magnesium und Eisen und ist leicht verdaulich. Sie wirkt basisch und ist gut für unsere Knochen, Haut und Haare. Außerdem sehr zu empfehlen bei allen chronischen Gelenkerkrankungen.

Hirse-Blumenkohl-Stampf

Für 4 Portionen
35 Min.

½ Blumenkohl • 140 g Hirse • Salz • Muskat • geriebene Zitronenschale zum Abschmecken

- Blumenkohl in Röschen teilen.

- Hirse abwaschen. Mit 650 ml Wasser, 3 Prisen Salz und Blumenkohlröschen ca. 25 Min. kochen.

- Wenn alles gar ist, mit dem Kartoffelstampfer stampfen. Mit Muskat oder reichlich geriebener Zitronenschale abschmecken.

Variante Anstelle von Blumenkohl Kürbis oder Pastinake verwenden.

Tipp Diesen Stampf kannst du auch backen: Vorher Backform etwas ölen. Stampf einfüllen, etwas Öl und Semmelbrösel obenauf geben und 15 Min. bei 180 Grad Ober-/Unterhitze backen.

Hirsepuffer

Für 4 Portionen
45 Min.

1 Möhre • 1 Zucchini • 400 ml Wasser oder Gemüsebrühe (Seite 74) • 140 g Hirse • etwas Meersalz • Majoran nach Geschmack • ggf. etwas Kichererbsen- oder Dinkelmehl • Öl zum Braten

- Möhre und Zucchini putzen und raspeln. Wasser oder Gemüsebrühe zum Kochen bringen. Hirse in einem Haarsieb waschen und in das kochende Wasser geben. Gemüse hinzufügen, salzen und abgedeckt 5 Min. köcheln lassen. Herdplatte abschalten und weitere 20 Min. ausquellen lassen.

- Masse mit Salz und Majoran würzen und abkühlen lassen. Falls die Masse nicht so gut bindet, Kichererbsenmehl oder Dinkelmehl hinzufügen.

- Flache Frikadellen formen und in Öl goldgelb braten.

Variante etwas Tofu zerkrümeln und unterheben

Grundrezept Reis

Für 2 Portionen
⏲ 50 Min.

70 g Vollkornreis • Salz

● Vollkornreis einmal kurz unter kaltem Wasser abspülen. Dann mit 350 ml Wasser in einem Topf zum Kochen bringen.

● Sobald er kocht, 1 Prise Salz hinzugeben. Deckel auflegen und 45 Min. auf kleinster Hitze kochen lassen. Nicht umrühren, sonst klumpt der Reis.

Varianten

- pro 70 g Reis 1 EL Hato Mugi hinzugeben (gut bei Gicht, Arthrose, RA)
- Reis kochen und eine Reis-Pfanne mit Pilzen zubereiten (gut bei Gicht)
- nach dem Kochen geriebene Zitronenschale in den Reis geben
- Zwiebeln anbraten und glasig schmoren, den gekochten Reis dazugeben und mit anbraten, mit Tamari, Sojasauce oder Kräutersalz würzen

Grundrezept Quinoa

Für 4 Portionen
⏲ 25 Min.

200 g Quinoa • 400 ml Wasser oder Gemüsebrühe (Seite 74) • Salz

● Quinoa mit heißem Wasser kurz abspülen. Dadurch geht der bittere Geschmack weg.

● Dann in Wasser oder Gemüsebrühe mit 4 Prisen Salz 12–15 Min. kochen. Den Herd ausstellen und Quinoa quellen lassen.

Dicke bunte Gemüsesauce

Für 2 Portionen
⏲ 25 Min.

2 kleine Zwiebeln • 1 Möhre • 1 Knoblauchzehe (optional) • ¼ Blumenkohl • 4 TL Olivenöl • 4 TL Dinkelmehl • 2 TL fertige Gemüsebrühe (ohne Hefe) oder 6 TL Sojasauce • Salz • 150 g grüne Erbsen (frisch oder TK) • etwas Schnittlauch oder Petersilie

● Zwiebeln und Möhren würfeln. Knoblauch hacken. Blumenkohl in Röschen teilen.

● Zwiebeln anbraten, dann Knoblauch und Möhren dazugeben. Mehl mit einem Sieb über das Gemüse stäuben. Dabei gut umrühren.

● 400 ml Wasser mit Sojasauce oder Gemüsebrühe vermischen und langsam unter Rühren – damit es nicht klumpt – zum Gemüse geben. Köcheln lassen, bis es eindickt. 1 TL Salz und Blumenkohl dazugeben. Mit Deckel 5–6 Min. kochen, bis der Blumenkohl weich ist. Dann Erbsen dazugeben und alles mit Deckel 2–3 Minuten auf kleiner Hitze köcheln lassen.

● Schnittlauch in Röllchen schneiden oder Petersilie hacken. Sauce vor dem Servieren damit bestreuen.

Das passt dazu Pasta, Reis (Seite 128) oder Quinoa (Seite 128)

» Dicke bunte Gemüsesauce

»Sauce bolognese«

Für 4 Portionen
30 Min.

1 kleine Rote Bete • 2 mittelgroße Möhren • 500 ml Gemüsebrühe oder Wasser • 2 EL Umeboshi-Paste • 1 EL Gerstenmiso • Knoblauch (optional) • 3 EL Olivenöl • 4 TL Kuzu oder andere Stärke • 250 g Seitan

- Rote Bete schälen und vierteln. Möhren putzen und in grobe Stücke schneiden.
- Beides in der Gemüsebrühe weich kochen und mit Umeboshi-Paste, Gerstenmiso, ggf. Knoblauch und Olivenöl pürieren.
- Stärke anrühren und in die Sauce rühren. Seitan fein hacken, in die Sauce geben und kurz aufkochen.

Das passt dazu Pasta, Reis (Seite 128), Hirse (Seite 127), frittierte Nori-Chips (Seite 98), Blattsalat

Zwiebelsauce

Für 4 Portionen
40 Min.

4 Zwiebeln • 2 EL Öl • 4 EL Sojasauce

- Zwiebeln schälen und vierteln. In Öl bei großer Hitze anbraten, bis sie leicht braun werden. Sojasauce dazugeben und die Zwiebeln darin wenden.
- 150 ml Wasser dazugeben und 30 Min. oder länger köcheln lassen. Dann pürieren.

Das passt dazu Hirsestampf (Seite 87), Tempehwürfel und vieles mehr

»Ketchup« ohne Tomaten

Für 8 Portionen
20 Min. + 60 Min. Backzeit

2 Rote Beten (möglichst gleich große Knollen, ca. 375 g) • 2 EL Olivenöl • 1 Zwiebel (ca. 80 g) • 1 Knoblauchzehe • 50 ml roter Balasamico-Essig • 35 ml Reissirup • 1 Nelke • ½ TL Koriandersaat • Salz

- Backofen auf 200 Grad Ober/Unterhitze vorheizen.
- Rote Beten waschen, nicht schälen. Beide Knollen mit etwas Öl einreiben und in den Ofen geben. Alle 20 Min. wenden, damit sie gleichmäßig bräunen. Nach 60 Min. Ofen ausstellen und Rote Beten abkühlen lassen.
- Zwiebel in Olivenöl glasig schmoren. Knoblauch, Rote Beten, Essig, Reissirup und Gewürze hinzufügen.
- In 30 Min. gar kochen, Nelke herausnehmen und alles fein pürieren. Mit Salz abschmecken.

Das passt dazu gebackene Süßkartoffeln mit Kräutern (Seite 90), gebackenes Gemüse, Tempeh-Quinoa-Bowl (Seite 90)

Möhren-Zwiebel-Sauce

Für 4 Portionen
25 Min.

1 Zwiebel • 2 mittelgroße Möhren • 2 EL Olivenöl • 300 ml Wasser oder Gemüsebrühe • Gemüsebrühe ohne Hefe oder Sojasauce zum Abschmecken • 1 EL getrocknetes Basilikum • 2 TL Kuzu oder andere Stärke

- Zwiebel schälen und fein hacken. Möhren putzen und würfeln. Zwiebeln anbraten und Möhrenwürfel dazugeben.
- Mit Wasser oder Gemüsebrühe auffüllen, gar kochen und mit etwas Gemüsebrühe oder Sojasauce und Basilikum abschmecken.
- Stärke anrühren und Sauce damit eindicken.

Das passt dazu Nudeln, Reis (Seite 128), Hirse (Seite 127) und frittierter Tofu

Bärlauch-Pesto

Für 10 Portionen
15 Min.

50 g Kürbiskerne • ½ Zitrone • 1 Bund Bärlauch • Salz • 80 ml Olivenöl

- Kürbiskerne waschen, dann poppen sie besser auf. In der Pfanne ohne Öl rösten. Dabei die ganze Zeit rühren, damit sie gleichmäßig bräunen. In einer Schale vollständig abkühlen lassen.
- Zitrone auspressen. Mit Bärlauch, ½ TL Salz und Öl pürieren und in ein Glas geben.
- Mit 2 cm Öl bedecken. Kühl aufbewahren.

Pilzsauce

Für 4 Portionen
35 Min.

200 g Champignons • 1 Zwiebel • Olivenöl • Sojasauce • Kräutersalz oder Gemüsebrühe ohne Hefe • 2 EL Stärke

- Pilze mit einem trockenen Tuch putzen und vierteln. Zwiebel fein hacken.
- Pilze in Öl anbraten, Zwiebel dazugeben und kurz mit anbraten. Mit einem Schuss Sojasauce ablöschen. Etwas Kräutersalz oder Gemüsebrühe hinzugeben und verrühren.
- ½ l Wasser hinzugeben und 20 Min. kochen. Mit Sojasauce oder Gemüsebrühe abschmecken und mit angerührter Stärke andicken.

Das passt dazu Hirse (Seite 127), Süßkartoffelstampf, Pasta, Reis (Seite 128), Gemüse, Seitanschnitzel (Seite 97)

Tipp Die Stärke kannst du weglassen und stattdessen das Gemüse nach dem Anbraten mit 1 EL Mehl bestäuben. Dann erst die Flüssigkeiten dazugeben.

Radieschen-Pesto

Für 10 Portionen
15 Min.

½ Zitrone • 1 Bund Radieschengrün • Salz • 80 ml Olivenöl

- Zitrone auspressen. Radieschengrün waschen und trocken schleudern.
- Beides mit ½ TL Salz und Öl pürieren.

Gerichte mit heilender Wirkung

Süßkartoffeln aus dem Ofen

Gut in der Rekonvaleszenz

Für 4 Portionen
⏲ 70 Min.

4 gleich große Süßkartoffeln • 1 EL Olivenöl • 2 EL Sojasauce • 3 EL Zitronensaft

- Backofen auf 200 Grad vorheizen. Süßkartoffeln mit Schale waschen, von allen Seiten mehrmals einstechen und auf ein mit Backpapier ausgelegtes Blech setzen. 50–60 Min. backen.

- Gartest machen: dazu Kartoffeln an einer Stelle mit einem spitzen Messer einstechen. Wenn sie weich sind, sind sie fertig.

- Herausnehmen und vorsichtig der Länge nach halbieren. Die Innenseite jeder Hälfte kreuzweise einschneiden.

- Öl, Sojasauce und Zitronensaft mischen und auf die Hälften pinseln. Kartoffeln mit der Schnittfläche nach oben noch einmal 7 Min. backen.

Tipp Dieses Gericht bereiten Familienmitglieder in China für ihre Angehörigen nach Operationen zu. Durch den süßen Geschmack und die gespeicherte Wärme wirkt es aufbauend und stabilisierend.

Kombubrühe mit Shiitakepilzen

Wirkt ausscheidend und einer Übersäuerung entgegen

Für 4 Portionen

20 Min. + 30 Min. Einweichzeit

2 getrocknete Shiitakepilze • ½ Stück Kombu-Alge • etwas Sojasauce • etwas Ingwersaft

- Shiitakepilze in heißem Wasser 30 Min. einweichen.
- Kombu und Pilze 15 Min. in 800 ml Wasser kochen. Pilze herausnehmen, Stiele abschneiden und in feine Streifen schneiden. Kombu in kleine Quadrate schneiden. Alles wieder zurück in die Suppe geben.
- Vorsichtig mit Sojasauce und etwas Ingwersaft abschmecken.

Tipp Gut geeignet bei Gicht, Rheuma und Arthrose.

Shio Kombu

Verbessert die Blutqualität und kann die Nebenwirkungen bei regelmäßiger Medikamenteneinnahme mildern

Für 10 Portionen

70 Min. + Einweichzeit über Nacht

2 × 10 cm Kombu • 100 ml Sojasauce oder Tamari

- Kombu 20 Min. einweichen und in kleine quadratische Stücke schneiden.
- In einer Schüssel mit 100 ml Wasser und Sojasauce oder Tamari übergießen. Über Nacht einweichen.
- Am nächsten Tag ca. 1 Std. im geschlossenen Topf kochen, bis die Algen weich sind. Deckel abnehmen und so lange weiterkochen, bis alle Flüssigkeit verdampft ist. Darauf achten, dass es nicht anbrennt.

Tipp Shio Kombu ist sehr salzig. Du solltest pro Tag höchstens 1–2 Stück essen.

Gerstensuppe mit Kürbis und Radieschen

Gut zur Ausleitung

Für 2 Portionen
70 Min. + 6 Std. Einweichzeit

70 g Gerste • Salz • 1 Zwiebel • 8 Radieschen • 120 g Kürbis • Shiro Miso (optional) • Minzeblätter oder gehackte Petersilie

- Gerste 6 Std. oder über Nacht einweichen.

- Gerste in 400 ml Wasser mit 1 Prise Salz in 45 Min. gar kochen.

- Zwiebel schälen und in Halbmonde oder Würfel schneiden. Radieschen waschen und vierteln, Kürbis schälen und würfeln.

- Gemüse zur Gerste geben und so viel Wasser hinzufügen, dass das Gemüse etwas mehr als bedeckt ist. 1 TL Salz dazugeben und in ca. 20 Min. gar kochen. Evtl. mit Shiro Miso oder Salz abschmecken.

- Minzeblätter oder Petersilie hacken und vor dem Servieren über die Suppe streuen.

Tipp Gerste ist für Menschen mit Gicht ideal, aber auch Menschen mit rheumatoider Arthritis und Arthrose profitieren davon, da Gerste den Fettstoffwechsel positiv beeinflusst und ausleitend wirkt.

Reiscongee

Unterstützt die Ausscheidung und stärkt die Verdauung

Für 8 Portionen
4–6 Std. Kochzeit

70 g Reis

- Reis in 1200 ml Wasser 4–6 Std. kochen, bis der Reis total zerfällt und eine cremige Masse entsteht.

Das passt dazu mitgekochte Möhren, grob gehackte Walnüsse, mitgekochte Azukibohnen, aber auch frischer Fisch, Tofu oder Tempeh

Tipp Eine Reiscongeekur wird empfohlen, um dem Körper Ruhe von belastenden Lebensmitteln zu geben. Entzündungen können sich so beruhigen und die Verdauung kann sich regulieren. Du kannst diese Reiskur auf 3–14 Tagen ausweiten, länger nur unter medizinischer Begleitung. Vor allem bei Gicht bitte keine Radikalkuren!

Gemüseschichttopf

Ist stärkend und vitalisierend

Für 4 Portionen
55 Min.

8 cm Kombu • 100 g Lauch • 120 g Möhren • 150 g Rettich • 150 g Kürbis • Meersalz • 1 TL Sojasauce

- Kombu in einen schweren Topf legen (ein gusseiserner Topf eignet sich besonders gut) und mit 80 ml Wasser bedecken.

- Gemüse waschen, in große Stücke schneiden und auf den Kombu schichten. Richte dich bei der Reihenfolge nach der Zutatenliste. Mit 1 Prise Meersalz bestreuen und den Deckel auflegen. In 30–40 Min. gar kochen. Dabei bitte nicht umrühren.

- Wenn das Gemüse gar ist, Sojasauce darübergeben und den Topf mit geschlossenen Deckel durchschütteln. Kombu herausnehmen, in kleine Quadrate schneiden und wieder unter das Gemüse mischen.

Tipp Die Flüssigkeit kannst du gern trinken. Sie schmeckt richtig süß.

Streichholzgemüse

Ein besonderes Gericht gegen Übersäuerung

Für 4 Portionen
40 Min.

150 g Schwarzwurzel • 350 g Möhren • ½ Bund Petersilie • 1–3 EL Sesamöl • Salz • Sojasauce (optional)

- Schwarzwurzel nicht schälen (!), sondern nur gut putzen. Möhren ebenfalls putzen. Beides erst in dünne Scheiben und dann in dünne Stifte schneiden. Gemüsesorten getrennt aufbewahren. Petersilie fein hacken.

- Öl in einer Pfanne erhitzen. (Am besten eignet sich eine gusseiserne Pfanne.) Zuerst Schwarzwurzelstifte anbraten, bis sie leicht gebräunt sind. Möhren dazugeben und beides weiterbraten.

- Etwas Wasser und 1 Prise Salz hinzugeben. Bei geschlossenem Deckel in ca. 10 Min. gar kochen. 1 EL Sojasauce darübergeben und mit Petersilie bestreut servieren.

Tipp Bei der Schwarzwurzel stecken, wie bei vielen Gemüsesorten, die meisten Vitamine in der Schale. Da auch die Schale sehr gut schmeckt, brauchst du Schwarzwurzeln nicht zu schälen, aber du solltest sie sehr gründlich putzen.

Kuzusaft mit Umeboshi

Wirkt stärkend auf Magen und Darm

für 1 Portion
10 Min.

1 geh. TL Kuzu • 1 kleine Umeboshi-Pflaume • 2 cm Ingwer

- Kuzu in 2 EL kaltem Wasser anrühren. Umeboshi-Pflaume zerstoßen, mit 200 ml Wasser mischen und unter Rühren zum Kochen bringen. Kuzu zur Umeboshi-Flüssigkeit geben, 1 Min. köcheln lassen. Die Flüssigkeit geliert.

- Ingwer reiben und mit der Hand ausquetschen. 5–6 Tropfen Ingwersaft zur Flüssigkeit dazugeben und trinken.

Kontraindikation Verstopfung

Tipp Hilft bei Magenverstimmung, Verdauungsbeschwerden und vor allem bei Durchfall, Übersäuerung und bei Schwäche. Nie mehr als eine Pflaume am Tag einnehmen.

Gebackener Rettich

Putzt den Körper sanft von innen

für 4 Portionen
30 Min.

400 g Rettich • Kräutersalz oder 2 EL Shiro Miso

- Den Backofen auf 200 Grad vorheizen.

- Rettich in dicke Scheiben schneiden. Evtl. vorher schälen.

- In wenig Wasser fast gar kochen und in eine Auflaufform legen.

- 2 Prisen Kräutersalz oder Shiro Miso mit 2–3 EL Wasser zu einer Creme verrühren und auf dem Rettich verteilen. 20 Min backen.

Tipp Unterstützt die Ausscheidung von „altem“ und zu viel Salz, das wir mit z. B. Käse und/oder Wurst aufgenommen haben.

Möhren-Rettich-Sud

Wirkt Übersäuerung entgegen und hemmt Entzündungen – mild im Geschmack

für 4 Portionen
20 Min.

½ kleiner Rettich • 1 mittelgroße Möhre • Salz

- Rettich und Möhre reiben, sodass Sie von beidem jeweils ca. 4 EL haben.

- Mit 4 Tassen Wasser übergießen und 10 Min. kochen lassen. Zusammen mit der Einlage trinken.

Tipp Trinke den Sud regelmäßig.

Süßes

Birne Helene

Für 4 Portionen
45 Min.

2 Birnen • 400 ml Tassen Birnensaft • Salz • 3 Nelken oder 1 Zimtstange • 2 TL Stärke, z. B. Kuzu

Für die Schokosauce

2 EL Mandelmus • 2 EL feines Kakaopulver • 3 EL Ahornsirup

Für die Walnüsse

50 g Walnüsse • etwas Reissirup

- Birnen halbieren, Kerngehäuse entfernen und Birnen evtl. schälen. In Birnensaft mit 1 Prise Salz und Nelken oder Zimtstange ca. 30 Min. köcheln lassen, bis die gewünschte Konsistenz erreicht ist. Saft mit angerührter Stärke binden.

- Zutaten für die Schokosauce und ca. 2 EL Wasser miteinander verrühren.

- Walnüsse bei mittlerer Hitze ohne Fett kurz anrösten. Dabei rühren, damit sie nicht anbrennen. Mit einem Löffel Reissirup über die Nüsse ziehen und sie so karamellisieren. Sofort vom Herd nehmen und auf einen Teller stürzen. Abkühlen lassen. Sobald sie kühl sind, grob hacken.

- Die Birnen auf einen Teller geben, Schokoladensauce darübergießen, mit karamellisierten Walnüssen bestreuen und sofort servieren.

Apfelrolle

Für 1 Rolle

30 Min. + 30 Min. Kühlzeit + 30 Min. Backzeit

100 ml Öl, z. B. Sonnenblumenöl • 150 g Dinkelmehl, Type 1050 • Salz • 3 Äpfel • 30 g Rosinen

- 100 ml Wasser zum Kochen bringen. Öl unterschlagen.

- Mehl und 1 Prise Salz mischen. Die heiße Wasser-Öl-Mischung dazugießen. Vorsicht! Ein bisschen abkühlen lassen, damit du dir nicht die Finger verbrennst. Leicht durchkneten und 30 Min. in den Kühlschrank stellen.

- Backofen auf 200 Grad vorheizen. Äpfel waschen, Kerngehäuse entfernen und in Stücke schneiden.

- Kalten Teig ausrollen und mit Äpfeln bedecken. Zusammenrollen und 30 Min. backen.

Vanillesauce

Für 4 Portionen

10 Min.

½ l Getreide- oder Mandelmilch • Reissirup oder Ahornsirup nach Geschmack • ca. 2 EL Kuzu oder Pfeilwurzelmehl zum Andicken • etwas Vanille

- Milch aufkochen und mit Reissirup oder Ahornsirup abschmecken.

- Stärke in kaltem Wasser anrühren und in die kochend heiße Flüssigkeit geben. Rühren, bis die Milch dick wird.

- Vanille einrühren.

Bratapfel

Für 1 Portion

10 Min. + 30–45 Min. Backzeit

1 Apfel • 1 EL Mandelmus • 1 TL Reissirup • 1 TL Rosinen

- Den Backofen auf 200 Grad vorheizen.

- Kappe vom Apfel oben abschneiden und beiseitelegen. Kerngehäuse mit einem Apfelausstecher oder einem kleinen spitzen Messer ausstechen, dabei Boden belassen.

- Mandelmus mit Reissirup und 1 TL Wasser cremig rühren.

- Zuerst Rosinen, dann Mandelmusmischung in den Apfel geben. Kappe wieder auflegen.

- Apfel auf ein Blech setzen und ca. 30–45 Min. auf der mittleren Schiene backen, bis er so weich ist, wie du ihn haben möchtest. Ich liebe es, wenn er fast auseinanderfällt.

Das passt dazu Vanillesauce

» Apfelrolle

Fruchtiger Wackelpudding

Für 4 Portionen

30 Min. + 60 Min. Abkühlzeit

½ l Apfelsaft • 1 geh. TL Agar-Agar • 1 EL Orangenschale (optional) • Salz • 1 EL Kuzu • 200 g Früchte, z. B. Erdbeeren, Heidelbeeren, Himbeeren oder Melonenstücke

- Apfelsaft mit Agar-Agar zum Kochen bringen. Orangenschale und 1 Prise Salz hinzufügen und 7 Min. unter Rühren kochen lassen, damit sich das Agar-Agar auflöst.

- Kuzu mit kaltem Wasser anrühren und in die heiße Flüssigkeit geben. Rühren, bis sie andickt.

- Früchte waschen, ggf. klein schneiden und in Schälchen geben. Mit der heißen Flüssigkeit übergießen und komplett abkühlen lassen. Erst dann wird sie fest wie Wackelpudding.

Schneller Polentakuchen

Für 4 Portionen
25 Min. + 25 Min. Backzeit

4 reife Birnen • etwas Zitronensaft • 200 ml Apfelsaft • Salz • 100 g Minuten-Polenta • 3 EL Reissirup • Sonnenblumenöl für die Form • Zimt

- Birnen schälen, vierteln und die Kerngehäuse herausschneiden. Birnen mit Zitronensaft beträufeln, damit sie nicht braun werden.
- Den Backofen auf 200 Grad vorheizen.
- Apfelsaft und 200 ml Wasser mit 2 Prisen Salz zum Kochen bringen. Minuten-Polenta unter Rühren langsam einrieseln lassen. Rühren, bis die Masse dick wird. Reissirup einrühren.
- In eine gefettete Auflaufform gießen. Glattstreichen und die Birnen in die Polenta setzen. Mit etwas Zimt bestreuen und für 25 Min. in den Ofen schieben. Die Birnen sollten nun gar sein.

Kaffee-Haselnuss-Pudding

Für 4 Portionen
20 Min. + 2 Std. Kühlzeit

1 Bio-Zitrone • 500 ml Getreide- oder Mandelmilch • 1 EL Haselnuss- oder Mandelmus • 1 gestr. TL Agar-Agar • 3 TL Kakao • 2 gestr. EL Instant-Getreidekaffee • Reissirup nach Geschmack • 1 EL Maisstärke oder Kuzu • Vanille (optional) • 4 EL geschälte Mandeln

- Zitrone waschen und Schale abreiben.
- »Milch« in einem Topf und mit Haselnussmus verrühren und zum Kochen bringen. Agar-Agar hinzufügen und unter Rühren bei kleiner Hitze 5 Min. köcheln lassen.
- Kakao und Getreidekaffee hineinrühren und mit Reissirup so abschmecken, dass es dir süß genug ist.
- Stärke in kaltem Wasser anrühren und vorsichtig in die kochende Flüssigkeit rühren, bis sie andickt. Zitronenschale und evtl. Vanille unterrühren.
- Masse auf Puddingförmchen verteilen und mind. 2 Std. im Kühlschrank fest werden lassen.
- Mandeln goldgelb rösten und grob hacken. Pudding mit den Mandelstückchen dekorieren und servieren.

Variante Pudding pürieren und als Creme servieren.

Tipp Schmeckt gut mit Himbeer- oder Erdbeersauce. Dafür Apfelsaft mit 1 Prise Salz aufkochen. Mit Kuzu oder anderer Stärke andicken. Beeren waschen und im Apfelsaft 1 Min. mitkochen.

Birnenkuchen de luxe

Für 1 Kuchen (26 cm ∅)
20 Min. + 30 Min. Backzeit

Für den Guss
- ½ Bio-Zitrone
- 0,7 l Birnensaft
- Salz
- 1½ gestr. TL Agar-Agar
- 2 EL Kuzu oder Maisstärke

Für den Boden
- 160 g Kokosmehl
- 180 g gemahlene Mandeln
- Salz
- 200 ml neutral schmeckendes Öl
- 2 EL Reissirup
- 200 ml Mandelmilch

Für den Belag
- 3 saftige Bio-Birnen

● Zitrone waschen und Schale abreiben. Du brauchst sie für den Guss und den Boden.

● Für den Guss Birnensaft mit 2 Streifen Zitronenschale und 1 Prise Salz zum Kochen bringen. Agar-Agar einrühren und 5–8 Min. kochen lassen. Dabei zwischendurch umrühren, damit sich das Agar-Agar auflöst.

● Die Stärke mit 3 EL Wasser anrühren und in die kochende Flüssigkeit geben, dabei umrühren, damit die Stärke nicht klumpt. So lange rühren, bis die Flüssigkeit andickt. Zitronenschale herausnehmen und Guss etwas abkühlen lassen.

● Den Backofen auf 180 Grad vorheizen.

● Für den Kuchenboden Mehl, Mandeln, 1 Prise Salz und restliche Zitronenschale vermischen.

● Öl dazugießen und mit einer Gabel verrühren. Reissirup hinzufügen und gut vermischen. Dann Mandelmilch dazugeben. Alles zu einem Teig verrühren.

● Backform mit Backpapier auslegen. Teig gleichmäßig in der Form verteilen und ca. 30 Min. backen.

● Für den Belag Birnen waschen. Bio-Birnen musst du nicht schälen. Birnen halbieren, entkernen und in 1 cm dicke längliche Streifen schneiden. Auf dem Kuchenboden verteilen.

● Den Guss auf die Birnen gießen und fest werden lassen.

Tipp Falls die Birnen hart sind, wie beschrieben in längliche Stücke schneiden und 3–4 Min. im Guss mitkochen. Etwas abkühlen lassen und zusammen auf den Boden gießen.

Haferflocken-Kekse

Für 20 Stück

15 Min. + 25 Min. Backzeit

150 g feine Haferflocken • 60 g Dinkelmehl, Type 1050 • Salz • 1½ TL Sonnenblumenöl • 90 ml Reissirup • 30 g Walnüsse • 1 kleine Birne (optional) • 1 Bio-Zitrone

- Den Backofen auf 175 Grad vorheizen.
- Haferflocken, Mehl und 1 Prise Salz in einer großen Schüssel miteinander vermischen.
- Öl hinzugießen und gut durchrühren. Reissirup und 100 ml Wasser zugeben und gut vermengen.
- Walnüsse hacken. Zitronenschale abreiben. Birne in sehr kleine Würfel schneiden. Alles unter den Teig heben.
- Ein Backblech mit Backpapier auslegen. Masse löffelweise auf das Backblech geben und glatt streichen, damit es flache Kekse ergibt.
- 20–25 Min. backen.

Pfirsich-Kirsch-Kompott

Für 4 Portionen
20 Min.

4 Pfirsiche • 200 g Kirschen • ½ l Apfelsaft • Salz • 3 EL Reissirup • 2 EL Kuzu

- Pfirsiche und Kirschen entsteinen und beiseitestellen.

- Apfelsaft mit 1 Prise Salz und Reissirup aufkochen. Kuzu mit 4 EL kaltem Wasser anrühren, bis keine Klumpen mehr vorhanden sind. Dann in die kochende Flüssigkeit einrühren, bis sie andickt.

- Früchte in die Flüssigkeit geben und 2 Min. lang mit kochen.

Variante Du kannst auch anderes Obst nehmen, z. B. Apfelstückchen, getrocknete Aprikosen, Birnen, Pflaumen und Beeren aller Art.

Birnencreme

Für 4 Portionen
20 Min.

5 vollreife Birnen • ½ l Dinkelmilch • 2–3 EL Reissirup • 1 TL Kuzu • 2 EL Mandelmus • ½ TL Zimt

- Birnen schälen und halbieren.

- Milch erhitzen und die Birnenhälften darin weich kochen. Reissirup hinzugeben.

- Kuzu mit 1 EL kaltem Wasser anrühren und in die kochende Flüssigkeit geben. Dabei umrühren.

- Mandelmus und Zimt einrühren. Alles pürieren.

« Erdbeercreme

Erdbeercreme

Für 4 Portionen
20 Min. + 1 Std. Kühlzeit

250 ml Apfelsaft • Salz • 2 gestr. TL Agar-Agar • 3 EL Reissirup • 500 g Erdbeeren • 2 EL Kuzu oder Maisstärke • 1 EL Mandelmus • einige Minzeblätter

- Apfelsaft mit 1 Prise Salz, Agar-Agar und Reissirup aufkochen und 5–8 Min. köcheln lassen. Dabei umrühren.

- Erdbeeren hinzugeben und 2 Min mitkochen.

- Stärke mit 5 EL Wasser anrühren und in die kochende Flüssigkeit einrühren. Dabei umrühren, bis die Flüssigkeit andickt. Creme in eine flache Schale gießen und abkühlen lassen.

- Wenn die Creme fest geworden ist, in einen hohen Behälter geben und mit Mandelmus pürieren.

- Mit Minzeblättchen dekoriert servieren.

Variante Anstelle von Erdbeeren eignen sich auch Himbeeren, Brombeeren und Heidelbeeren.

Karamellisierte Mandeln

Für 1 Portion
15 Min.

1–2 Handvoll Mandeln • 2 EL Reissirup

- Mandeln in einer Pfanne vorsichtig rösten, bis sie anfangen zu duften. Reissirup darübergeben, alles verrühren und vom Herd ziehen.

- Abkühlen lassen, grob hacken und genießen.

Süße Riegel für zwischendurch

Für 20–30 Stück
⏲ 50 Min. + 20–25 Min. Backzeit

220 g Datteln • 2 EL Walnüsse • 200 g kernige Haferflocken • 220 g Hirseflocken • 30 g gepufftes Quinoa • 1 Prise Kardamom • 2 EL Cornflakes (ohne Zucker) • 1 Handvoll Aprikosen oder Rosinen • 3 EL Mandelmus

- 150 ml Wasser zum Kochen bringen und Datteln damit übergießen. 30 Min. stehen lassen und dann pürieren.

- Backofen auf 180 Grad vorheizen.

- Walnüsse grob hacken. Mit allen trockenen Zutaten in einer Schüssel mischen. Dattelmus und Mandelmus zu den trockenen Zutaten geben und alles vermengen. Es entsteht eine klebrige Masse.

- Backblech mit Backpapier auslegen und die Masse 2–3 cm dick in Form eines Rechtecks auf das Blech streichen. 20–25 Min. auf der mittleren Schiene backen und danach komplett auskühlen lassen. Dann in Riegel schneiden. Sie halten sich in einem luftdicht verschlossenen Gefäß ca. 1 Woche.

Tipp Falls dir ein ganzes Blech zu viel ist, halbiere die Zutatenmengen einfach.

Crunchys

Für 4–5 Portionen
⏲ 10 Min. + 20–25 Min. Backzeit

½ Paket Reis- oder Maiswaffeln • 1 Handvoll Nüsse und/oder Kerne deiner Wahl, z. B. gehackte Haselnüsse, gehackte Mandeln, Kürbiskerne, Sonnenblumenkerne • ca. 6 EL Reissirup

- Den Backofen auf 180 Grad vorheizen.

- Reis- oder Maiswaffeln in feine Stücke brechen. Darauf achten, dass die Stücke nicht zu groß sind, aber auch nicht pulverisiert werden.

- Ein Backblech mit Backpapier auslegen. Brösel daraufgeben und mit grob gehackten Nüssen oder Kernen vermischen. Reissirup in Streifen darüberziehen.

- 8 Min. backen. Einmal umrühren, damit sich der Reissirup gut verteilt. Ca. 12–15 Min. weiterbacken, bis sie gebräunt sind. Achtung: Genau beobachten, die Crunchys verbrennen schnell! Abkühlen lassen und genießen.

Tipp Die Crunchys lassen sich gut vorbereiten und ca. 1 Woche in einem Schraubglas aufbewahren.

Knusprige Sesamstückchen

Für 8 Portionen
20 Min. + 30 Min. Abkühlzeit

250 g Sesam • 5 EL Reissirup

- Sesam in einem Haarsieb waschen. Das ist wichtig, weil Sesam staubig ist und weil er gewaschen beim Rösten besser aufpoppt.

- Gewaschenen Sesam in der Pfanne ohne Öl rösten, bis er leicht nussig duftet.

- Zwischen zwei Fingern zerreiben. Das geht ganz leicht, wenn er genug geröstet ist. Sesam in eine Schüssel geben.

- Sirup in der Pfanne erhitzen. Warmen Sirup mit dem Sesam vermischen.

- Auf ein Backpapier streichen, glatt streichen. Erkalten lassen und in Dreiecke schneiden.

Was sollen wir **trinken**?

Trinken ist wichtig – keine Frage. Aber was und wie viel sollen wir trinken? Achte auf dein Durstempfinden, dann trinkst du bestimmt genug. Hier stelle ich dir einige wohltuende Getränke vor, die du wahrscheinlich noch nicht kennst.

Ich liebe Tee und warmes Wasser und manchmal schütte ich mich regelrecht voll damit. Früher war ich von der Botschaft beeinflusst, mindestens zwei bis drei Liter am Tag zu trinken, egal ob ich durstig war oder nicht. Einfach hinein damit. Ich habe das fleißig umgesetzt, denn ich war – wie viele – davon überzeugt, dass die Nieren immer gut gespült werden müssen. Eine Besserung meines Gesundheitszustandes habe ich trotzdem nicht bemerkt, aber dass ich andauernd eine Toilette aufsuchen musste, war auch ein Ergebnis. Aber nicht unbedingt ein erstrebenswertes!

Dann wurde ich schlauer. In einigen Seminaren, die ich besucht habe, wurde etwas anderes gelehrt: Trinke nach deinem Durstempfinden. Wenn wir Salziges oder Trockenes zu uns nehmen, z.B. bei Brotmahlzeiten, haben wir sicher ordentlich Durst. Wenn wir allerdings den Gemüseanteil im Essen erhöhen und täglich sogar eine Suppe essen, verringert sich das Durstempfinden. Übermäßiges Trinken spült nämlich zu viele Mineralstoffe aus dem Körper.

Ein Glas gekochtes Wasser als erstes Getränk am Morgen ist wirklich wohltuend. Dafür koche das Wasser 10 Minuten lang auf kleiner Hitze, bevor du es trinkst. Du kannst einen Spritzer Zitronensaft dazugeben, damit es besser schmeckt. Wenn du ein Kaffeefan bist, versuche auf Getreidekaffee umzusteigen (Seite 28). Sehr lecker ist auch Kukicha-Tee. Er besteht aus den kleinen Zweigen eines Teestrauchs, die geröstet werden. Ich habe mit Erstaunen festgestellt, dass dieser Tee jedem schmeckt. Er hat die wunderbare Fähigkeit, Säureüberschüsse sowie einen zu basischen Zustand zu neutralisieren. Da er kein Koffein enthält, kann er sogar noch am Abend getrunken werden. Für Kinder (und natürlich auch für dich) kannst du ihn mit ein bisschen Apfelsaft vermischen und mit getrockneter Zitronenschale servieren.

Wenn du Medikamente einnimmst, solltest du auf jeden Fall mehr trinken. Achte da auf dein Gefühl. Wenn ich z.B. Ibuprofen einnehme, trinke ich entsprechend viel, um die chemischen Stoffe wieder aus meinem Körper zu leiten. Damit fühle ich mich wohler, weil dann der chemische Geschmack in meinem Mund verschwindet.

Solltest du gar kein Durstempfinden haben, kann es damit zusammenhängen, dass du zu viel Nässe im Körper hast. Nach der fernöstlichen Medizin baut sich Nässe z.B. durch die Aufnahme von zu vielen Milchprodukten, besonders durch gesüßte Milchprodukte, Süßigkeiten oder Rohkost auf. In diesem Fall empfehle ich dir, dich von einem Therapeuten für chinesische Medizin behandeln zu lassen und gleichzeitig nässebildende Nahrung zu reduzieren.

Basisches Gemüsegetränk

Für 1 Portion
30 Min.

1 Möhre • 1 Zwiebel • 1 Stück Kürbis oder Rettich • Salz

- Gemüse (nicht mehr als 3 Sorten auf einmal) in Streifen oder Würfel schneiden und mit 1 Prise Salz 20 Min. kochen.
- Sofort trinken. Das Gemüse kannst du dazu essen, wenn du magst.

Tipp Tut der Bauchspeicheldrüse gut und wirkt dabei entspannend.

Möhrensaft mit Löwenzahn oder Brennnesseln

Für 1 Portion
5 Min.

200 ml frisch gepresster oder gekaufter Möhrensaft • etwas Löwenzahn oder Brennnesseln • 1 TL Leinöl

- Möhrensaft mit Löwenzahn oder Brennnesseln pürieren.
- Leinöl unterrühren und genießen.

Tipp Brennnessel wirkt blutreinigend, blutbildend und entzündungshemmend. Löwenzahn wirkt auf Leber und Galle und verbessert den Fettstoffwechsel. Möhrensaft verbessert den Geschmack.

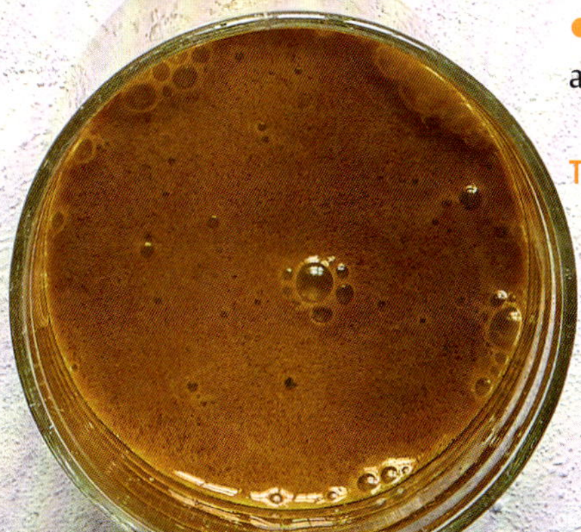

Gerstentee

Für 5 Portionen
25 Min.

100 g Gerstenkörner

- Gerstenkörner in einer Pfanne ohne Öl rösten, bis sie goldbraun sind.
- Mit 1 l Wasser in einem Topf mit geschlossenem Deckel 15 Min. kochen lassen.
- Dann Gerste abseihen und den Tee genießen. Die übriggebliebene Gerste kannst du in einer Suppe weiterverwenden.

Varianten Im Sommer den Tee mit getrockneter Zitronen- oder Orangenschale kochen. Im Winter oder wenn du frierst, passt ein kleines Stück Ingwer gut.

Tipp Gerstentee eignet sich besonders bei Gicht und Arthrose.

Gute-Nacht-Tee

Für 2 Portionen
25 Min.

1 gestr. TL Baldrian •
1 gestr. TL Hopfen •
1 gestr. TL Melisse

- Zutaten mit 400 ml Wasser 20 Min. kochen, abseihen und trinken.

Tipp Dieser Tee lässt dich wunderbar schlafen.

Was hilft sonst noch gegen die Schmerzen?

Jetzt hast du Rezepte gelesen und vielleicht auch ausprobiert und fragst dich, ob du noch mehr gegen deine Schmerzen tun kannst. Oft bringen alte Hausmittel Linderung, aber suche dir auch Hilfe bei Fachleuten.

Alte Hausmittel

Unsere Großeltern kannten oft noch sehr einfache, aber wirkungsvolle Hausmittel. Dieses alte Wissen kannst du dir auch bei deiner Gelenkerkrankung zu Nutze machen, z. B. durch morgendliches Abbürsten, verschiedene Wickel oder Ingwertee.

Unsere Vorfahren hatten zwar noch nicht so viele Medikamente wie wir heute, aber sie kannten Mittel, die jeder einfach zu Hause anwenden konnte und die wirklich helfen. Ein bisschen Zeit musst du dir dafür allerdings nehmen. Aber du wirst erleben, dass dir diese Zeit nur für dich sehr guttut.

Abbürsten

Eine einfache und liebevolle Aufmerksamkeit, die du deinem Körper jeden Morgen vor dem Duschen schenken kannst, ist das trockene Abbürsten. Es dauert fünf Minuten und fühlt sich richtig gut an.

Vielleicht hast du morgens auch Probleme mit steifen und schmerzenden Gelenken? Durch das trockene Abbürsten wird die Durchblutung angeregt und der Lymphfluss stimuliert, was auch die typische Morgensteifigkeit und die Schmerzen lindert. Zusätzlich werden abgestorbene Hautschüppchen abgebürstet und deine Haut wird bei regelmäßiger Anwendung schön weich. Das Bürsten kann sogar eine vorhandene Cellulite reduzieren – und du wirst dadurch schön wach.

Du brauchst eine Bürste mit Naturborsten, am besten mit einem langen Stiel, damit du auch deinen Rücken damit abbürsten kannst. Du kannst auch einen Sisalhandschuh nehmen, damit kommst du allerdings nicht so gut an deinen Rücken. Bürste bzw. Handschuh solltest du regelmäßig auswaschen, damit sich keine Bakterien ansammeln.

So geht's Am besten bürstest du morgens vor dem Duschen auf der trockenen Haut.

- An der Außenseite des rechten Fußes beginnen und mit langen Strichen und leichtem Druck aufwärts in Richtung Herz arbeiten. Die Lymphflüssigkeit fließt immer Richtung Herz. Darauf achten, dass du immer in die gleiche Richtung bürstest.
- Ausnahme: Auf dem Rücken solltest du vom Nacken bis zum unteren Rücken bürsten. Das geht nur mit einer Bürste, die einen langen Stiel hat.
- Auf Oberschenkeln, Po und Oberarmen darfst du ruhig kräftiger bürsten, um die Durchblutung anzuregen. Aber nur so stark, wie es dir angenehm ist. Hier mit kreisenden Bewegungen im Uhrzeigersinn bürsten.

- Nach dem Abbürsten gehst du am besten sofort duschen, um die abgestorbenen Hautzellen abzuspülen.
- Ca. 30 Tage lang jeden Tag wiederholen.

Achtung! Nur gesunde Haut bürsten. Sonnenbrand, verletzte Stellen, Neurodermitis, Schuppenflechte, Krampfadern und Hautstellen mit Akne sowie empfindliche Körperstellen bitte unbedingt aussparen. Gehe liebevoll mit dir um. Das Bürsten soll dir angenehme Gefühle bescheren und nicht wehtun.

Anwendungen mit Ingwer

Hast du Ingwer schon im Haus? Wenn nicht, solltest du ihn unbedingt in deine Hausapotheke aufnehmen. Ob als Tee, als Fuß- oder Vollbad oder für Umschläge – Ingwer ist vielseitig einsetzbar und hat viele gute Eigenschaften, die dein Körpergefühl positiv beeinflussen können.

Ingwer schmeckt scharf, zitronig und leicht süß durch die enthaltenen ätherischen Öle wie Borneol und Cineol. Für die Schärfe sorgt Gingerol, das auch antientzündlich wirkt.

Wogegen hilft Ingwer?

Ingwer hilft, Kälte zu vertreiben, Stagnationen zu lösen, bei Muskelverspannungen, steifen Gelenken, arthritischen Füßen und Arthrose. Außerdem stärkt Ingwer die Immunkraft. Seine Wärme ist durchdringend und wirkt tief entspannend. Ich selbst habe mir über einen langen Zeitraum regelmäßig Ingwerumschläge im Nierenbereich gemacht sowie Fuß- oder Vollbäder genommen und dabei die entspannende Wirkung genossen.

Wann solltest du vorsichtig mit Ingwer sein?

Ingwer selbst gibt keine Wärme ab, sondern aktiviert die eigene innere Wärme und kann im Übermaß genossen austrocknend wirken. Wenn du unter chronischer Erschöpfung oder Gastritis leidest oder zu Trockenheit im Körper neigst, z. B. trockene Haut, einen trockenen Mund und trockene Schleimhäute hast, solltest du zurückhaltend mit Ingwer sein. Auch Hitzeschübe werden durch Ingwertee oft verstärkt. Die trocknende Wirkung kannst du allerdings ein bisschen ausgleichen, indem du etwas Süßes in deinen Tee gibst, z. B. 1 TL Reissirup, weil Süßes immer befeuchtend wirkt.

Ingwertee

Ingwertee trinke ich meist in den kühleren Jahreszeiten wie im Herbst oder Winter. Hilfreich ist er bei Durchfall oder Bauchkrämpfen, die durch kaltes Essen oder durch Eis verursacht wurden. Wenn du ihn bei einer beginnenden Erkältung trinkst, hilft er dabei, Krankheitserreger aus deinem Körper herauszukatapultieren.

So geht's:

- 4–5 Scheibchen frischen Ingwer mit 1 Tasse sehr heißem, aber nicht kochendem Wasser aufgießen.
- 5 Min. ziehen lassen.

Am Abend getrunken, kann Ingwertee dich am Einschlafen hindern, weil der scharfe Geschmack anregend wirkt.

Ingwer-Fußbad

Ein Ingwer-Fußbad ist eine angenehme Methode, deinen Körper aufzuwärmen und Gelenksteifigkeit zu behandeln. Es hilft auch gegen rheumatoide Arthritis, Muskelschmerzen (Fibromyalgie) und Arthrose. Es regt die Blutzirkulation an, erwärmt den ganzen Körper und wirkt schmerzlindernd. Du kannst auch deine Hände oder die Handgelenke darin baden. Nach dem Bad kühle deine Gelenke mit Kohlwickel (Seite 156). Das wirkt zusätzlich entzündungshemmend.

So geht's:

- 4 Liter Wasser erhitzen, es muss nicht kochen.
- 3 daumengroße Stücke Ingwer reiben, ausdrücken und den Saft ins heiße Wasser geben.
- Füße darin ca. 30 Min. baden, deine Knöchel sollten dabei unbedingt bedeckt sein.
- Füße abtrocknen und warme Strümpfe anziehen.

Am besten nimmst du so ein Bad am Abend vor dem Schlafengehen und gehst gleich danach ins Bett. Dir wird mollig warm sein!

Kontrakindikation: Ingwerfußbad nicht anwenden bei akut heißen Gelenken. Nur in der Phase baden, in der deine Gelenke nicht übermäßig heiß sind oder du wenig bis gar keine Entzündungsschmerzen hast. Danach kühlen.

Im folgenden Textabschnitt findest du auch eine Anleitung für Ingwerwickel.

Fußsohlen regelmäßig von Hornhaut befreien

Wusstest du, dass der Nierenmeridian über die inneren Fußknöchel verläuft und dass die Nieren auch über die Fußsohlen entgiften? Deshalb ist es wichtig, regelmäßig die Hornhaut an den Fußsohlen zu entfernen. Du kannst ein Fußbad oder ein Vollbad nehmen, um die Hornhaut aufzuweichen, und sie dann mit einem Bimsstein oder einer Hornhautraspel abrubbeln. Danach wirst du ganz weiche Babyfüße haben. Falls du das nicht selbst machen möchtest, gehe zu einer Fußpflegerin.

Verschiedene Wickel

Wickel sind einfach und schnell gemacht und tun unglaublich gut. Probiere es doch einfach mal aus.

Kohlwickel

Wenn du rheumatoide Arthritis oder Arthrose in den Füßen hast, kühle deine Füße nach dem heißen Ingwerbad mit einem Kohlwickel. Die Inhaltsstoffe von Kohl, z. B. Flavonoide und Senfölglykoside, wirken entzündungshemmend und kühlen sanft. Geeignet sind Wirsing, Weißkohl, Spitzkohl und Chinakohl. Kohlwickel wurden schon in früheren Zeiten bei Gelenkerkrankungen eingesetzt.

So geht's:

- Äußere Blätter eines Kohlkopfes ablösen, dicke Mittelrippen entfernen und mehrmals mit einem Nudelholz über die Blätter walzen. Dadurch wird die äußere Schicht aufgebrochen und der Saft tritt aus.
- Blätter um Füße, Knie oder Handgelenke wickeln, je nachdem, wo du es brauchst, und mit einem Stretchverband fixieren.
- Mindestens 2 Stunden oder über Nacht einwirken lassen.

Quarkwickel

Quarkwickel sind hilfreich bei Gicht. Sie lindern die Hitze im Gelenk.

So geht's:

- Handtuch ausbreiten und darauf ein Geschirrtuch oder eine Stoffwindel legen.
- 1 cm dick Quark auf das Geschirrtuch streichen.
- Wickel auf die betroffene Stelle legen, so lange belassen, bis die Kühle des Quarks nachlässt und er trocken wird.
- Mehrmals wiederholen, wenn nötig.

Ingwerwickel

Ingwerwickel werden seit Jahrtausenden in der fernöstlichen Medizin verwendet und vermitteln zusammen mit Wärme und Entspannung ein tiefes Gefühl von Geborgenheit. Außerdem fördern sie die Durchblutung, lösen Stagnationen und unterstützen die Entgiftung. Sie helfen bei Fibromyalgie, Muskelverspannungen, Wirbelsäulen- und Bandscheibenerkrankungen, Arthrose und Arthritis. Wichtig ist, die Wickel bei entzündlichen Erkrankungen in der subaktiven Phase anzuwenden.

Du kannst die Wickel an Schultern, Füßen, Händen, Nieren, am unteren Rücken, direkt am Ohr, im Nacken und am Hals anwenden, aber immer nur auf gesunder Haut.

Auf keinen Fall solltest du Ingwerwickel auf dem Kopf, im Herzbereich, auf heißer und entzündeter Haut, auf akut entzündeten Gelenken, bei Krebserkrankungen und Fieber anwenden. Auch Schwangere, Kinder und sehr alte Menschen sollten auf Ingwerwickel verzichten.

Du brauchst

- 1 Innentuch aus Leinen oder Baumwolle
- 1 Frotteetuch
- 1 TL Ingwerpulver
- etwas Lavendelöl

So geht's

- Innentuch auf 30 × 40 cm zusammenfalten.
- Frotteetuch auf der Heizung etwas vorwärmen.
- 1 TL Ingwerpulver in ca. ½ Liter heißes Wasser einrühren.

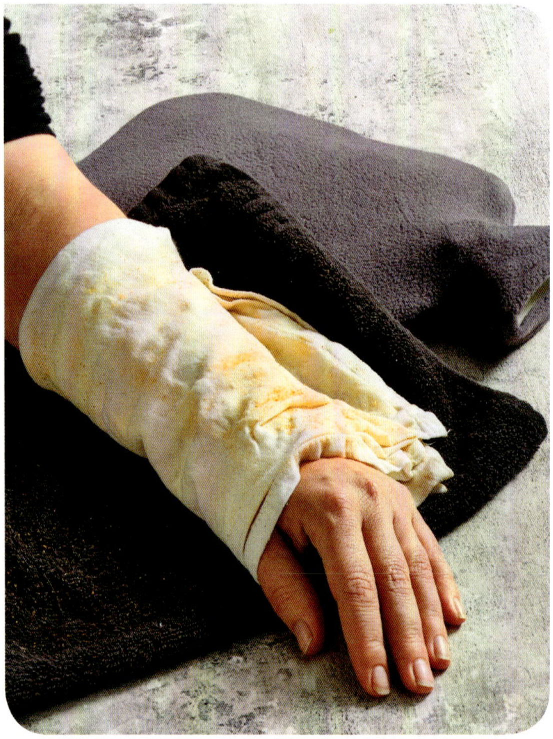

- Innentuch gleichmäßig damit tränken, auswringen und auf die von dir gewählte Körperstelle legen. Als 2. Schicht das warme Frotteetuch darüberlegen und befestigen, z. B. mit Sicherheitsnadeln.
- Hinlegen, bei einem Nierenwickel am besten auf den Rücken auf ein Kissen, damit das Innentuch gut an der Haut anliegt. Wärmeflaschen an beiden Seiten helfen, die Wärme zu halten. Gut zudecken, damit dir schön warm ist.
- Nach 30 Minuten den Wickel abnehmen, die Haut gut abtrocknen und etwas Lavendelöl auftragen.
- Nochmal 20 Minuten nachruhen.

Wichtig: Achte darauf, dass du keine kalten Füße hast, sonst steigt die Wärme in den Kopf.

Lass dich von der langen Beschreibung nicht abschrecken. Hast du es einmal gemacht, weißt du wie es geht, und kannst es das nächste Mal ganz schnell vorbereiten.

Wenn's schnell gehen soll Du hast keine Zeit oder keine Nerven, um den Ingwerwickel anzulegen und zu ruhen? Dann kannst du deinen Körper auch mit dem Ingwerwasser abreiben. Tauche dafür einen Waschlappen in das warme Ingwerwasser und wringe ihn aus. Reibe damit deinen ganzen Körper ab. Trockne dich ab, ziehe dich warm an und genieße das angenehme Körpergefühl.

Hilfe von Fachleuten

Du musst deine Schmerzen nicht allein ertragen – hole dir Hilfe von Fachleuten. Meist bezahlt das sogar die Krankenkasse. Es gibt verschiedene Therapien, die bei schmerzenden Gelenkerkrankungen gut helfen. Auch Sport gehört dazu.

Von Akupunktur und Akupressur hast du wahrscheinlich schon gehört. Aber es gibt noch eine Menge anderer Therapieformen, die bei chronischen Gelenkerkrankungen für deutliche Besserung oder sogar Heilung sorgen. Auch die Psychotherapie gehört dazu. Wenn du dich außerdem regelmäßig bewegst, hast du schon viel Gutes für dich getan.

Akupunktur

Die Akupunktur, eine Behandlungsform aus der Traditionellen Chinesischen Medizin, ist ein wirkungsvolles Mittel, um chronische Entzündungen und Schmerzen zu behandeln, und wirkt noch dazu entspannend und kräftigend. Sie hat große Erfolge vorzuweisen, wie in zahlreichen Studien belegt wurde, und keinerlei Nebenwirkungen. Sie ist für alle Beschwerdebilder des rheumatischen Formenkreises geeignet.

Bitte erkundige dich, ob deine Krankenkasse die Kosten von Akupunktursitzungen übernimmt, oder schließe eine Zusatzversicherung ab, die ein gewisses Kontingent an alternativen Heilmethoden und ganzheitlicher Medizin, z. B. bei Heilpraktikern, im Jahr bezuschusst.

Shiatsu

Shiatsu hat seinen Ursprung in der fernöstlichen Medizin; »Shiatusu« bedeutet »Fingerdruck«. Es ist eine Akupressur-Massage, die entspannt und gleichzeitig kräftigend wirkt. Shiatsu wird angewandt bei körperlichen Verspannungen, Erschöpfung, Schlafproblemen, Migräne, als Ergänzung zu psychotherapeutischen Behandlungen und bei allen Formen der Gelenkerkrankungen.

In einer Shiatsubehandlung werden mit achtsamen Berührungen und tief wirkendem Druck auf die Leitbahnen, die in der fernöstlichen Medizin Meridiane genannt werden, Blockaden aufgespürt und gelöst. Dabei regeneriert sich das vegetative Nervensystem, Stress wird abgebaut und die Selbstheilungskräfte werden aktiviert. Diese Form der Aufmerksamkeit tut unserem Organismus sehr gut, wirkt stärkend und gleichzeitig entspannend.

Shiatsu ist eine wertvolle Unterstützung in Phasen deines Lebens, wo du großen Belastungen, fordernden Lebensumständen und Veränderungen ausgesetzt bist. Es ist hilfreich bei jedem Heilungsprozess und schult dabei auch die Selbstwahrnehmung.

Die Wirkung von Shiatsu entfaltet sich erst nach mehreren Behandlungen. Am Anfang brauchst du vielleicht vier Wochen lang jede Woche eine Behandlung, dann nur noch alle zwei Wochen. Und irgendwann kann es ausreichen, wenn du alle vier Wochen hingehst, um deinen Zustand zu halten. Es gibt Möglichkeiten, Shiatsu über deine Krankenkasse abzurechnen. Sprich darüber am besten mit deiner Hausärztin oder deinem Hausarzt.

Neuraltherapie

Vor einigen Jahren hatte ich einen starken Rückfall und konnte mit dem linken Fuß nicht mehr richtig auftreten. Wie es dazu kam, ist mir bewusst: Über einen langen Zeitraum – ungefähr ein Jahr lang – hatte ich mich nicht genug um mich gekümmert. Das ging für eine Weile gut, aber irgendwann hat mir mein empfindlicher Körper gezeigt, dass ich ihm zu viel zugemutet habe. Ich musste dringend etwas tun. Aber was? Ein lieber Nachbar hat mir damals glücklicherweise einen sehr guten Arzt empfohlen – einen Experten für Neuraltherapie. Das war meine Rettung. Nach etwa sechs Monaten Behandlung konnte ich wieder richtig laufen.

Die Neuraltherapie beeinflusst alle Regelkreise des Organismus und wirkt damit auf Nerven, Hormone, Muskeln, das Lymphsystem, das Skelett, das Verdauungssystem und die Ausscheidungsorgane. Sie eignet sich für viele Beschwerden, besonders für Schmerzzustände, Allergien und chronische Erkrankungen.

Die Neuraltherapie wirkt entzündungshemmend, entspannend, schmerzlindernd, durchblutungsfördernd und hilft, Blockaden aufzuheben. Dabei wird mit einem Betäubungsmittel aus der Naturheilkunde namens Lidocain oder Procain gearbeitet. Dieses Mittel wird in die Reflexzonen injiziert, die mit den erkrankten Bereichen in Verbindung gebracht werden, und entfaltet von dort seine Wirkung. Manchmal wird es auch direkt in die schmerzenden Stellen injiziert.

Diese Behandlungsmethode ist für alle Beschwerden des rheumatischen Formenkreises gut geeignet. Menschen mit akutem Gichtanfall kann in manchen Fällen besonders schnell geholfen werden, da eine Injektion in die schmerzende Stelle schnell Linderung schafft.

Allerdings ist die Neuraltherapie keine reine Schmerztherapie, obwohl sie so auch eingesetzt wird. Sie bewirkt mehr. Durch ihre entspannende, entzündungshemmende und durchblutungsfördernde Wirkung kann sie nachhaltige Heilungsprozesse in Gang setzen.

Bei mir hat sie zwar nicht die rheumatoide Arthritis vertrieben, aber die Beschwerden an meinem linken Fuß, die mich nicht mehr haben laufen lassen, sind seit vielen Jahren verschwunden und nicht wiedergekommen. Etwas Geduld musste ich allerdings bei dieser Behandlung auch mitbringen. Insgesamt bin ich sechs Monate zu meinem Arzt gegangen, am Anfang sogar zweimal in der Woche. Fast hätte ich die Behandlung abgebrochen, aber meine innere Stimme sagte mir, dass ich weitermachen sollte. Und es hat sich gelohnt. Ich bin heute noch sehr dankbar über den glücklichen Ausgang dieses Geschehens. Achte darauf, zu einer Ärztin oder einem Arzt zu gehen, die oder der über viel Erfahrung in dem Bereich verfügt.

Kräutertherapie

Die Kräutertherapie ist eine der am häufigsten angewandten Behandlungsmethoden in der chinesischen Medizin. Sie wirkt von innen – im Gegensatz zur Akupunktur, die mit äußeren mechanischen Reizen unser Energiesystem beeinflusst.

Nach der Diagnose, die von einem erfahrenen TCM-Therapeuten gestellt werden sollte, wird mit einer Kräutermischung je nach Befindlichkeit die Entgiftung angeregt, die Durchblutung gefördert, Mangel- oder sogenannte Füllezustände im Körper ausgeglichen.

Ich schätze die Kräutertherapie sehr, weil sie so etwas Ursprüngliches und Natürliches hat. Die Geschmäcker der Teemischungen sind manchmal ungewöhnlich. Lass dich davon aber nicht abschrecken. Sie sind Medizin und sie helfen.

Lymphdrainage

Lymphdrainage ist eine spezielle Form der Massage und wird vor allem bei Stauungen der Gewebeflüssigkeit angewandt. Die Lymphgefäße werden stimuliert und der Abtransport von Lymphflüssigkeit wird angeregt. Betroffen von Stauungen der Gewebeflüssigkeit sind bevorzugt Beine und Arme. Der Therapeut bringt durch verschiedene Handgriffe die Gewebeflüssigkeit wieder in Bewegung. Die Therapie sollte von einem extra dafür ausgebildeten Therapeuten angewandt werden. Übrigens soll diese Behandlung vor allem bei Gicht sehr wirkungsvoll sein.

Eigenblutbehandlung

Eigenblutbehandlungen sind nicht nur sehr wirkungsvoll bei Heuschnupfen, entzündeten Nasennebenhöhlen, Müdigkeit und Antriebsarmut, sondern auch bei Arthritis, Arthrose, Rheuma und Gicht. Sie wirken zudem einem schlechten körperlichen und seelischen Allgemeinzustand entgegen und können sogar leichte Depressionen positiv beeinflussen.

Bei der Eigenbluttherapie wird dir zwischen einem und fünf Milliliter Blut abgenommen Das Blut wird entweder unbehandelt oder aufbereitet durch Zugabe von Naturpräparaten als Infusion oder Spritze wieder zurückinjiziert. Die Behandlung wird in der Regel 8–18-mal wiederholt.

Für Menschen mit chronischen Erkrankungen, die Medikamente einnehmen, ist sie besonders interessant, weil dadurch Medikamente wie Kortison eingespart werden können. Insgesamt ist die Eigenbluttherapie also eine unkomplizierte Behandlungsform, die uns in unserem Bedürfnis unterstützt, wieder zu mehr Kraft und guter Gesundheit zu kommen.

Diese Behandlungsmethode wird von vielen Ärzten und Heilpraktikern durchgeführt. Zahnärzte, Naturheilkundler, Homöopathen, Augenärzte, anthroposophische und Ärzte für Allgemeinmedizin bieten sie an. Es gibt viele Varianten der Eigenblutbehandlung. Welche für dich die richtige ist, kannst du mit deinem Hausarzt besprechen.

Psychotherapie

Ich habe festgestellt, dass in Krisensituationen professionelle psychologische Hilfe einen starken Rückhalt geben kann. Das hat nichts mit Schwäche zu tun. Falls du bisher ausschließlich Rückhalt von deinen Angehörigen bekommst, denke daran, dass auch sie manchmal eine Pause und Entlastung benötigen. Falls es für dich gerade schwierig ist, Unterstützung von anderen zu bekommen, ist professionelle Hilfe eine gute Alternative. Du tust dir damit selbst etwas Gutes. Menschen mit chronischen Erkrankungen sind meist vielen Belastungen ausgesetzt. Es tut gut, diese zu entwirren, anzuschauen und nach Lösungen zu suchen. Mit jemandem zu sprechen, der nicht unmittelbar von der Situation betroffen ist und die richtigen Fragen stellt, kann sehr heilsam sein.

Abrechnen kannst du alle Therapien über deine Krankkasse. Die Voraussetzung dafür ist, dass der Therapeut eine kassenärztliche Zulassung hat. Es ist nicht in allen Ländern Europas so, dass du auf Kosten der Krankenkasse psychologische Hilfe beziehen kannst. In Deutschland ist es seit ungefähr 20 Jahren möglich und wird ausgiebig genutzt. Ich habe in unterschiedlichen Phasen meines Lebens therapeutische Hilfe in Anspruch genommen – und es hat mir immer sehr gutgetan.

Am besten gehst du zu deinem Hausarzt und besprichst das mit ihm. Er kann dir eine Liste mit Therapeuten und evtl. auch eine Empfehlung geben. Suche dir eine Therapie, die dich anspricht, und dann eine(n) Therapeutin(en), bei dem du dich wohlfühlst und dem du vertraust. Es ist möglich Probesitzungen zu nehmen, um zu schauen, ob man zusammenpasst.

Es gibt viele verschiedene Therapien, aber auch hier nicht den einzigen Weg, die einzig wirksame Therapie oder den einzig wahren Therapeuten. Du kannst immer noch eine weitere Therapieform wählen und auch den Therapeuten wechseln, wenn du merkst, dass es vielleicht doch nicht passt. Und es gibt noch einiges mehr an Therapieformen, als die, die ich dir hier vorstelle. Die Entdeckungsreise zu dir selbst kann ein sehr spannendes Abenteuer sein – genieße es!

Biografiearbeit

Im Zentrum dieser Arbeit liegt dein Lebenslauf und deine individuelle Biografie. Biografiearbeit ermöglicht, Zusammenhänge und Brüche im Lebenslauf zu erkennen sowie Stärken und Wachstumsmöglichkeiten darin zu entdecken. Biografiearbeit gibt dir Orientierung und macht Mut, deinen weiteren Lebensweg zu gestalten. Sie kann dir helfen, zu deinem bisherigen Leben Ja zu sagen.

Gestalttherapie

In der Gestalttherapie spielst du Situationen nach, die du in der Außenwelt oder auch in deiner inneren Welt erlebst. Dies machst du vor allem über die sogenannte Kissenarbeit. Du selbst sitzt auf einem Kissen und hast ein oder auch mehrere Kissen um dich herum, die alle etwas symbolisieren, z. B. Menschen, die du kennst, oder deine eigenen inneren Stimmen, mit denen du dich auseinandersetzen möchtest.

Du sprichst dann mit einer deiner inneren Stimme aus deiner Perspektive oder mit einem Menschen, mit dem du etwas klären möchtest, und setzt dich dann auf das andere Kissen und lässt den Menschen oder die innere Stimme zu Wort kommen. Du kannst auch mit deiner Wut sprechen oder mit deiner Trauer. Alles ist möglich.

Darüber lernst du deine eigenen Gefühle kennen, weil du alles sagen und deinen Gefühlen Ausdruck verleihen kannst, ohne dich einem Risiko auszusetzen. Das kann dich mutiger im Kontakt mit anderen werden lassen, es kann dein Gefühl zu dir selbst stärken und dir die Kraft geben, für dich selbst einzustehen.

Ich habe ungefähr zwei Jahre Sitzungen in Gestalttherapie bei einer Therapeutin genommen, zu der ich großes Vertrauen hatte. Das hat mich stärker werden lassen und ich konnte viele meiner festgehaltenen Gefühle zum ersten Mal wahrnehmen, herauslassen und endlich loslassen.

Die Kosten für diese Therapieform werden allerdings meist nicht von der Krankenkasse übernommen. Du kannst dir über eine Zusatzversicherung Sitzungen in Gestalttherapie bezuschussen lassen. Es gibt aber auch Diplom-Psychologen, die diese Therapieform mit anderen Therapieformen kombinieren. Wenn sie eine Kassenzulassung haben, bekommst du die Therapie von deiner Krankenkasse doch bezahlt.

Hypnose

Therapeutische Hypnose wird bei vielen Krankheitsbildern, z. B. bei Ängsten, Schlafstörungen und Raucherentwöhnung, angewendet. Entscheidend für dich und mich ist aber, dass sie bei Schmerzzuständen wirksam sein kann.

Viele Menschen glauben, Hypnose mache sie völlig willenlos und sie hätten keine Kontrolle mehr über sich. Dieser Eindruck wird uns über Hypnose-Shows im Fernsehen vermittelt, wo Menschen auf der Bühne herumlaufen und Anweisungen des Hypnotiseurs ausführen, ohne danach zu wissen, was passiert ist. Das kann man lustig finden, aber es hat gar nichts mit der therapeutisch angewandten Hypnose zu tun. Im Gegenteil.

In der therapeutischen Hypnose wirst du in einen Trancezustand versetzt. Dabei bist du tief entspannt und gleichzeitig total wach. Du könntest, wenn du wolltest, die Trance jederzeit unterbrechen. Durch den Zustand der Trance kann der Therapeut Kontakt zu deinem Unterbewusstsein herstellen, das meistens schon eine Lösung für deine Probleme hat.

Tanztherapie

Die Tanztherapie ist eine körper- und bewegungsorientierte Psychotherapie aus dem Bereich der künstlerischen Therapien. Sie nutzt, zusätzlich zur klassischen Gesprächstherapie, die Botschaften des Körpers. Die Bewegungen des Körpers lassen dabei die Seele von sich erzählen. Tanz hilft dir dabei, den Kopf auf angenehme Weise zu entlasten, damit die Seele sich ausdrücken kann.

Du musst nicht tanzen können und auch, wenn du nur eingeschränkte Bewegungen machen kannst, kann diese Therapie genau das Richtige für dich sein. Was du erlebst, wird in Gesprächen bearbeitet. Zu dieser wundervollen Therapie könnte ich jetzt noch zwei Seiten schreiben. Auf der Internetadresse des Berufsverbands für Tanztherapie (Seite 178) und kannst du dich umfassend informieren.

Traumaarbeit

Solltest du unter traumatischen Erlebnissen leiden, kann es ratsam sein, diese mit Hilfe eines speziell dafür ausgebildeten Therapeuten behutsam zu bearbeiten. Es kann sich dabei um Erlebnisse aus der Vergangenheit handeln oder um gegenwärtige belastende Lebensumstände, die dir Angst machen oder dich überfordern. Viele Menschen mit chronischen Erkrankungen berichten, dass sie traumatischen Erlebnissen ausgesetzt waren. Dies kann zu Depressionen, Panikattacken, Ess- und Angststörungen führen und auch Auslöser für körperliche Erkrankungen sein, z. B. rheumatoide Arthritis.

Diese Erlebnisse zu verarbeiten und einen guten Umgang damit zu finden, führt insgesamt zu einem freieren Leben. Es führt auch zu mehr Selbstfürsorge und unterstützt dich bei der Gesundung.

Selbstliebe und Selbstfürsorge

Sei gut zu dir selbst, du bist wertvoll, so wie du bist! Du kannst auf vielen Ebenen auf deine Gesundheit und dein seelisches Gleichgewicht einwirken. Durch die vorgestellten Methoden können sich Blockaden wie Ängste und Sorgen reduzieren oder ganz auflösen.

Wie denkst du über dich selbst?

Kennst du das? Du redest schlecht mit dir selbst und denkst Sätze wie: »Ich bin zu blöd, zu dick, zu faul, zu hässlich« usw. Sich selbst zu mögen ist aber eine wichtige Voraussetzung für Gesundheit und Wohlbefinden. Außerdem fördert es die Motivation, etwas für sich selbst zu tun. Da wir häufig über Jahre gelernt haben, negativ über uns selbst zu denken, ist es wichtig, geduldig mit uns selbst zu sein. Kurze positive Sätze, sogenannte Affirmationen, können dir dabei helfen, dein Selbstbild zu verändern. Du trainierst dadurch, »anders zu denken«.

Dafür ist es wichtig, dass du weißt, was du denkst, und die negativen Meinungen und Glaubenssätze hinterfragst. Wahrscheinlich findest du heraus, dass sie nicht stimmen, sondern etwas Angelerntes oder Eingeimpftes sind. Häufig stammen sie – oft in guter Absicht – von Eltern, Lehrern oder anderen Menschen, die sich Selbstliebe nie gegönnt haben, weil immer etwas anderes wichtiger war.

Kennst du einige dieser Sätze bezüglich deiner Gesundheit? »Ich schaffe das nie«, »Ich komme da nie mehr raus«, »Ich werde immer Schmerzen haben«, »Mir wird es nie besser gehen.« Mit solchen negativen Sätzen blockierst du dich selbst. Und wahrscheinlich sind sie auch gar nicht wahr.

So kommst du aus dieser negativen Grundhaltung heraus:

- Nimm dir Zeit für dich selbst und schreibe dir einen negativen Satz auf, den du immer wiederkehrend denkst, z. B. »Ich werde diese Schmerzen nie mehr los.«
- Dann überlege, ob der Satz wirklich wahr ist. Woher willst du das wissen? Du kannst es nicht wirklich wissen. Es ist möglich, dass du deine Schmerzen loswirst oder reduzieren kannst.
- Wenn du einen Satz entdeckt hast, der dich blockiert, kannst du einen neuen positiven Satz daraus entwickeln. Ein Satz, der dir helfen kann, neue Möglichkeiten in dein Leben zu lassen, ist: »Ich bin offen für Veränderungen.«

So ein Satz kann dazu führen, dass du mehr gute Möglichkeiten siehst, gesünder zu werden. Du entdeckst vielleicht spannende Bücher, die wichtige Informationen für dich bereithalten. Oder du bekommst einen guten Tipp für eine Heilpraktikerin oder eine Ärztin. Oder du bekommst Lust, neue Rezepte auszuprobieren, und merkst, dass dir die Gerichte guttun. Das ist doch viel besser, als darin zu verharren, dass sowieso alles Mist ist und nichts bringt, oder?

Sei offen für Veränderungen!

Dann kannst du dich langsam, aber sicher vorantasten und dir neue Sätze vornehmen, diese prüfen und für dich in positive Sätze umwandeln. Solche Sätze nennt man Affirmationen. Hier ein paar Anregungen:

- Ich liebe meinen Körper, so wie er ist.
- Ich gebe meinem Körper die Fürsorge, die er braucht.
- Mein Körper wird mit jedem Tag gesünder.
- Ich fühle mich richtig wohl in meinem Körper.
- Neugierig werde ich neue Rezepte ausprobieren.
- Mit großer Freude koche ich für mich.
- Ich genieße mein Essen und es tut mir gut.
- Ich werde alles dafür tun, um gesund zu sein.
- Ich werde *heute* alles dafür tun, um gesund zu werden.

Denke solche Sätze nicht nur, sondern schreibe sie auf und hänge sie sichtbar auf, sodass sie dir immer wieder begegnen: neben dem Badezimmerspiegel, auf deinem Nachtisch, an der Innenseite deiner Haustür. So kommen diese Sätze immer wieder in Erinnerung.

Ganz besonders wirkungsvoll ist es, wenn du dich vor den Spiegel stellst, dir direkt in die Augen schaust und dir einen dieser liebevollen Sätze

sagst. Wie fühlt sich das an? Fällt es dir leicht? Am Anfang ist es ungewohnt, das weiß ich, aber mit der Zeit wird es ganz normal. Es ist ein spannender Prozess – fang am besten heute noch damit an. Unsere Gedanken haben eine unglaubliche Kraft!

Kundalini – eine abwechselnd aktive und ruhige Meditation

Den meisten von uns fällt es schwer, sich still hinzusetzen und den eigenen Atem zu beobachten. Mit einer aktiven Meditation kommst du viel leichter zur Ruhe. Kundalini ist eine Sonnenuntergangs-Meditation, mit der du deinen Arbeitstag sanft ausklingen lassen kannst. Sie besteht aus vier Phasen von je 15 Minuten und wird dabei von Musik begleitet, die die unterschiedlichen Phasen anzeigt: Schütteln, Tanzen, Sitzen und dabei der Musik lauschen, Liegen. Mich hat sie über viele Jahre begleitet.

1. Phase: Schüttle deinen Körper sanft und werde dabei selbst zum Schütteln. Lass los und gib dich dem Schütteln hin. Die Augen kannst du offen oder geschlossen halten – so wie du dich wohler fühlst.

2. Phase: Tanze so, wie du dich fühlst. Folge den Impulsen deines Körpers.

3. Phase: Setz dich hin oder bleib stehen, je nachdem, was dir angenehmer ist. Lausche der Musik und beobachte, was in dir und um dich herum passiert. Halte die Augen geschlossen.

4. Phase: Lege dich hin und entspanne dich. Schließe die Augen. Diese Phase ist ruhig und läuft ohne Musik. Es erklingt ein leiser Ton, der das Ende der Meditation anzeigt.

Du brauchst dich hier nicht zu beweisen. Gib dich ganz der Musik, deinem Körper und dem hin, was in dir passiert. Folge den Möglichkeiten deines Körpers.

Eine CD mit dieser Meditation bekommst du in esoterischen Buchläden oder du kannst sie problemlos im Internet bestellen.

Eine Achtsamkeitsübung, um Schmerzen zu lindern

Ich habe die Erfahrung gemacht, dass ich mich insgesamt wohler und entspannter fühle, wenn ich loslasse und mich auf freundliche Weise mit dem Schmerz verbinde. Genau das ist das Ziel dieser Achtsamkeitsübung. Entwickelt hat diese Übung eine gute Freundin von mir und am Ende des Buches auf Seite 178 findest du ihr Buch mit vielen verschiedenen Achtsamkeitsübungen. Es ist eine wahre Schatzkammer.

Lies dir den Text vorher genau durch und suche dir einen ruhigen Platz in deiner Wohnung, wo du bequem sitzen oder liegen kannst.

- Nimm ein paar tiefe Atemzüge durch die Nase. Der Mund bleibt während der gesamten Meditation geschlossen, da das bewusste Atmen durch die Nase Entspannungsreaktionen im Körper auslöst.
- Gehe dann in Gedanken deinen gesamten Körper von Kopf bis Fuß durch und spüre nach, wo er besonders angespannt ist und wo du Schmerzen verspürst.
- Wähle dann eine Körperstelle, an der sich der Schmerz gerade besonders intensiv zeigt. Vergib eine Punktezahl für die Schmerzintensität von 1 = wenig intensiv bis 10 = sehr intensiv.
- Schicke nun deinen Atem genau an diese Stelle, damit das spezifische Gewebe ganz viel Zuwendung und Aufmerksamkeit bekommt.
- Stelle dir vor, wie du dich selbst liebevoll in den Arm nimmst und dir sagst, dass alles gut wird. Sprich mit dir, wie du mit einem kleinen Kind sprechen würdest. Spüre nach, ob sich an dem ausgewählten Schmerzpunkt etwas verändert hat.
- Gehe mit deiner Aufmerksamkeit dann an eine andere Stelle im Körper, die wenig oder gar nicht vom Schmerz betroffen ist. Spüre, wie es sich dort anfühlt, welche Unterschiede du zur vorherigen Stelle feststellen kannst. Stelle dir dann vor, dass du diese gute, positive, schmerzfreie Energie in eine Farbe umwandelst.
- Nun lasse ein Licht in der von dir gewünschten Farbe in alle Körperregionen ausstrahlen – ausgehend von dem schmerzfreien Punkt. Verinnerliche, dass du dich jetzt überall so fühlen kannst, dass dir dieses Licht und diese schöne Farbe ermöglicht, an allen Stellen des Körpers loszulassen. Verweile noch ein paar Minuten in dieser heilsamen Energie. Du musst jetzt nichts tun, atme bewusst und tanke in der Stille auf.
- Bringe dann deine Aufmerksamkeit wieder zurück ins Hier und Jetzt.

Wiederhole die Übung an schmerzintensiven Tagen 3–5-mal 5–10 Minuten pro Tag.

Bewegung – move on!

Bewegung hat so viele gute Aspekte, dass du dich unbedingt damit anfreunden solltest, dich regelmäßig zu bewegen, auch wenn es dir vielleicht schwerfällt. Der Mensch ist nicht dafür gemacht, den ganzen Tag auf dem Sofa zu liegen. Also: move on!

Bewegung wirkt positiv auf den Blutzucker, der Kreislauf wird dadurch angeregt, die Abwehr wird gestärkt, die Muskeln und Sehnen bleiben geschmeidig, die Herztätigkeit wird unterstützt und die Verdauung wird angeregt. Das sind doch echt gute Argumente, sich zu bewegen, oder?

Grundsätzlich gilt: Bewege dich genau in deinem Rhythmus und nach den Möglichkeiten deines Körpers. Du solltest nicht allzu sehr über deine körperlichen Grenzen gehen, wenn du Schmerzen hast oder erschöpft bist. Falls du dich nur langsam bewegen kannst, dann bewege dich langsam. Außer bei Arthroseschmerzen brauchst du keine speziellen Übungen für deine Gelenke zu machen.

An die Phase, in der mir alles wehgetan hat und ich große Mühe hatte, mich überhaupt zu bewegen, kann ich mich noch gut erinnern. In dieser Zeit habe ich Spaziergänge in kleinen Schritten gemacht und mich danach erschöpft aufs Sofa fallen lassen. Ich finde es heute noch erstaunlich, wie man von ein bisschen Bewegung so erledigt sein kann. Trotzdem hat mir Bewegung immer gutgetan. Orientiere dich einfach daran, was im Moment möglich ist und was dir Spaß macht.

Spazierengehen geht fast immer und eignet sich für alle, egal ob mit rheumatoider Arthritis, Arthrose oder Gicht. Auch, wenn du nur langsam gehen kannst, gehe jeden Tag, und das am besten mehrmals.

Radfahren ist ebenfalls eine gute Art, sich zu bewegen.

Schwimmen ist auch eine sehr gute Bewegungsform. Durch die Tragkraft vom Wasser sind die Gelenke entlastet. Dadurch erweiterst du beim Schwimmen den Bewegungsradius deines Körpers.

Joggen ist nicht so empfehlenswert, weil dabei Wirbelsäule und Knie ungünstig belastet werden. Falls du trotzdem joggen möchtest, jogge möglichst nicht auf Asphalt und achte auf weich gepolsterte Schuhe. Den Ehrgeiz, besonders schnell zu sein und viele Kilometer zu schaffen, solltest du dabei möglichst beiseitelassen.

Gewichte heben ist meiner Meinung nach auch ungünstig. Der untere Rücken leidet unter diesem Kraftsport und die fernöstliche Medizin spricht davon, dass das Nieren-Qi dabei geschwächt wird.

Probiere einfach verschiedene Bewegungs- und Sportarten aus. Bestimmt findest du etwas, was für dich genau richtig ist. Ich z.B. liebe tanzen.

Besonders empfehlen möchte ich dir Bewegungsarten, die in China und Tibet zur Gesundheitsvorsorge schon seit tausenden von Jahren bekannt sind und von vielen Menschen heute noch regelmäßig praktiziert werden. Es handelt sich dabei um ein sanftes Atem- und Körpertraining.

Qi Gong

Qi Gong sind alte chinesische Übungen, bei denen Atem, Bewegung, Konzentration und Meditation miteinander verschmelzen. Es wird praktiziert, um die Lebenskraft zu stärken, Krankheiten vorzubeugen oder diese zu lindern. Qi Gong wirkt entspannend, ausgleichend und vitalisierend. Die Übungen sind leicht zu lernen und gut auszuführen, auch wenn du körperlich eingeschränkt bist. Die Voraussetzung für die positiven Wirkungen des Qi Gong ist regelmäßiges Praktizieren über einen längeren Zeitraum. Es reicht völlig aus, wenn du dir jeden Tag wenige Minuten für Qi Gong nimmst.

In fast jeder Stadt werden Qi-Gong-Kurse angeboten. Du kannst es auch aus Büchern lernen oder dir im Internet auf YouTube Anleitungen ansehen. Ich habe gute Erfahrungen mit Qi Gong gemacht und die ausgleichende Wirkung genossen.

Tibetisches Heilyoga – Lu Jong

Tibetisches Heilyoga ist auch unter dem Namen Lu Jong bekannt. »Lu« bedeutet »Körper«, »Jong« bedeutet »Schulung«. Dabei handelt es sich um eine uralte Bewegungslehre, die auf der traditionellen tibetischen Medizin basiert. Die leicht erlernbaren Übungen kann jeder selbständig im Alltag ausführen. Für Lu-Jong-Yoga brauchst du keine Hilfsmittel. Es ist auch für weniger flexible Körper geeignet und kann in jedem Alter praktiziert werden. Du findest Lu-Jong-Lehrer und -Lehrerinnen in fast jeder Stadt. Es ist aber durchaus auch möglich, die Übungen nach einem Buch oder durch Videos, die du auf YouTube findest, zu lernen.

Im Tibetischen Heilyoga gibt es fünf Übungen für die Beweglichkeit des Körpers, die Verspannungen im gesamten Bewegungsapparats vorbeugen. Dadurch können Kopf- und Rückenschmerzen sowie arthritische und rheumatische Beschwerden gelindert werden.

Weitere fünf Übungen haben eine stärkende Wirkung auf die Funktion der fünf Vitalorgane, nämlich Nieren, Herz, Lunge, Milz und Leber. Im Bereich von Schultern, Brust, Becken und Hüften wirken sie schmerzlindernd.

Die 6 Übungen für die häufigsten Befindlichkeiten wirken positiv auf das allgemeine Wohlbefinden. Sie fördern die Verdauung, beugen Erkältungen vor, stärken den Seh-, Hör-, Geschmacks- und Geruchssinn und lassen dich jünger aussehen. Außerdem helfen sie gegen Depressionen, gegen Müdigkeit, beim Einschlafen und Wohlfühlen.

Welche Nahrungsergänzungsmittel können sinnvoll sein?

Je nachdem, unter welchen Beschwerden du leidest und wie deine Blutwerte aussehen, kann es sinnvoll sein, Nahrungsergänzungsmittel zu dir zu nehmen. Ich stelle dir hier einige davon vor, mit denen ich gute Erfahrungen gemacht habe.

Bevor du Nahrungsergänzungsmittel einnimmst, sprich unbedingt mit deinem Arzt oder Heilpraktiker darüber. Falls du regelmäßig Medikamente einnimmst, könnte es zu Wechselwirkungen oder zu unerwünschten Reaktionen kommen.

Vitamin D_3 und Vitamin K_2

Vitamin D_3 ist ein Hormon, das an zahlreichen Stoffwechselvorgängen beteiligt ist. Es wird vom Körper in der Haut selbst gebildet, jedoch nur unter dem Einfluss der Sonne. In einem Land wie Deutschland, speziell bei uns im Norden, ist es vor allem in der dunklen Jahreszeit schwierig, genügend Vitamin D_3 im Körper zu entwickeln. Deshalb kann es wichtig sein, es von außen zuzuführen.

Der Vitamin-D_3-Wert sollte idealerweise zwischen 40 und 70 Mikrogramm pro Liter liegen. Durch die regelmäßige Einnahme von Vitamin D_3 ist es möglich, den Wert in den Normalbereich zu bringen und dort zu halten. Viele Menschen haben einen Wert, der unter 20 Mikrogramm liegt. Bei mir lag er zeitweise bei nur 8 Mikrogramm.

Eine Forschungsstudie aus Kanada hat entdeckt, dass es einen signifikanten Zusammenhang zwischen einem niedrigen Vitamin-D_3-Spiegel und der Entwicklung einer rheumatoiden Arthritis gibt. Auch die Entzündungsaktivität in den Gelenken steigt bei einem niedrigen Vitamin-D_3-Spiegel stärker an. Weitere Symptome können Müdigkeit, depressive Verstimmungen, Muskelschwäche, Rückenschmerzen, Schlafstörungen, Gereiztheit und Kopfschmerzen sein.

Damit das Kalzium, das im Vitamin D_3 enthalten ist, auch in die Knochen transportiert und verwertet werden kann, brauchen wir zusätzlich Vitamin K_2. Bei einer zu geringen Vitamin-K_2-Konzentration lagert sich das Kalzium im Körper an und führt so zur Kalzifizierung von Gewebe, Gefäßen und Organen, was extrem gesundheitsschädlich ist. Ab 1000 IE sollte Vitamin D_3 darum möglichst zusammen mit Vitamin K eingenommen werden.

Ich rate dir, deinen Vitamin-D_3-Spiegel regelmäßig beim Hausarzt mithilfe eines Bluttests kontrollieren zu lassen und die Einnahme von Vitamin D_3 und ggf. K_2 in Absprache mit ihm immer wieder anzupassen.

Weihrauch

Vor allem Menschen, die unter Gicht, Rheuma und Arthritis leiden, profitieren von Weihraucheinnahmen, da die darin enthaltene Boswellia-Säure Entzündungen eindämmt. Doch auch bei Darmerkrankungen, Neurodermitis und bei Hirntumoren wird von den Ärzten hoch dosierter Weihrauch eingesetzt. Weihrauch kann Depressionen positiv beeinflussen und stimmungsaufhellend wirken. Da er zusätzlich einen beruhigenden Effekt auf den Körper hat, wird er auch gern bei Schlafstörungen eingesetzt. Eine Studie besagt, dass Weihrauch das Schmerzmittel Ibuprofen ersetzen kann. Du musst die Kapseln eine Weile einnehmen, bis sie wirken. Über die Dosierung sprichst du am besten mit deinem Arzt.

Braunhirse

Braunhirse ist reich an Mikronährstoffen, besonders an Silizium – auch bekannt als Kieselsäure. Kieselsäure wirkt entzündungshemmend und kräftigend auf Haut, Haare und Nägel. Besonders Menschen mit Arthrose können von einer regelmäßigen Einnahme profitieren, da Silizium ein unverzichtbarer Baustoff der Knorpelmasse ist. Zusammen mit Kalzium trägt es mit zur Gelenk- und Knochengesundheit bei. Braunhirse bekommst du im Bio-Supermarkt. Mische 1–4 EL in deinen Porridge. Keine Sorge, du kannst es nicht überdosieren.

Omega-3-Fettsäuren

Über das Verhältnis zwischen Omega-3- und Omega-6-Fettsäuren habe ich schon geschrieben (Seite 39). Für die Versorgung des Körpers mit Omega-3-Fettsäuren wird antarktisches Krillöl empfohlen. Es wird aus einem garnelenartigen Krebstier gewonnen, das in reinen und tiefen Gewässern lebt. Krill ernährt sich von Omega-3-produzierendem Phytoplankton (mikroskopisch kleinen Algen), das ganz am Anfang der Nahrungskette steht. Du kannst Krillölkapseln online bestellen. Ob bei dir ein Mangel an Omega-3-Fettsäuren besteht bzw. ob ein Ungleichgewicht zwischen Omega-6- und Omega-3-Fettsäuren vorliegt, kann ein Bluttest zeigen. Die Firma Norsan bietet solche Bluttests zu moderaten Preisen an. Auf ihrer Website findest du mehr Informationen: www.norsan.de. Solltest du unsicher sein, frage bitte einen Arzt, dem du vertraust.

Welche schmerzenden Gelenkerkrankungen gibt es?

Es gibt verschiedene Gelenkerkrankungen, die von höllischen Schmerzen begleitet werden können. Je nach Krankheit sprechen sie unterschiedlich auf bestimmte Lebensmittel oder Sport an. Einen Überblick findest du auf den folgenden Seiten.

Was ist rheumatoide Arthritis?

Rheumatoide Arthritis (RA) ist die häufigste entzündliche Rheumaform. Frauen sind dreimal häufiger betroffen als Männer. Die Krankheit bricht mit Ausnahmen meist zwischen dem 40. und 60. Lebensjahr aus. Sie beschränkt sich jedoch nicht nur auf Erwachsene, es gibt in Deutschland auch ungefähr 15 000 Kinder, die mit rheumatoider Arthritis leben.

Die RA wird als systemische Erkrankung bezeichnet, weil das ganze »System Körper« betroffen ist. Das bedeutet, dass die Erkrankung nicht nur die Gelenke betrifft, sondern auf Augen, Blutgefäße und innere Organe übergehen kann (nicht muss). Dazu können dauerhafte Schmerzen und Entzündungen, ein Gefühl von Abgeschlagenheit, Erschöpfung und Antriebslosigkeit hinzukommen. Dies wird als »Fatigue-Syndrom« bezeichnet; das französische Wort »fatigue« bedeutet »Müdigkeit«. Ich selbst habe auch Phasen von Müdigkeit, Erschöpfung und verminderter Leistungsfähigkeit durchlaufen. Dies hat sich jedoch vollständig gegeben.

Bei manchen Menschen verläuft die RA milde und schlummert phasenweise sogar. Bei einer aggressiven Entwicklung kann sie schnell auf mehrere Gelenke übergehen. Die Gelenke, vor allem an den Händen und Füßen, schwellen an, sind warm und druckempfindlich. Manchmal reagiert der Körper auch mit Fieber und Gewichtsverlust.

Mögliche Ursachen rheumatoider Arthritis

In der westlichen Medizin wird das Rauchen als eine Ursache für die Entwicklung von RA angesehen (Seite 38). Ernährung und Lebensweise als Gründe stehen bei uns eher nicht im Fokus. Doch nicht jeder, der Rheuma bekommt, hat vorher geraucht. Und wie ist es bei Kindern? Wenn es möglich ist, RA mit einer Ernährungsumstellung und einer Änderung der Lebensgewohnheiten zu lindern – und es ist möglich, wie du an mir ganz deutlich sehen kannst –, gibt es da vielleicht doch einen Zusammenhang? Ich habe es selbst erlebt, dass ich durch das, was ich täglich esse, meinen körperlichen Zustand zum Positiven verändern konnte.

Weitere Ursachen und Auslöser können eine Zahnwurzelbehandlung, Glutenunverträglichkeit (Seite 42), Borreliose, verschleppte Infekte und auch eine Hormonumstellung, z. B. nach einer Schwangerschaft, sein.

Mich hat die ungewöhnliche Geschichte einer Freundin beeindruckt, die nach 17 Jahren aggressiver RA vollständig gesundete, nachdem bei ihr – mithilfe einer Röntgenaufnahme – ein winziger Zahnsplitter im Gaumen entdeckt worden war, der hochgradig entzündet war. Nach dessen Entfernung, hat sich die rheumatoide Arthritis komplett beruhigt. Sie ist nun seit acht Jahren beschwerdefrei. (Dazu gibt es ein Interview auf meiner Website: www.eat-and-move.de/ein-video-fuer-dich-schau-rein-es-macht-mut/) Bei einigen Menschen sind die Symptome der Gelenkentzündung vollständig abgeklungen, nachdem sie glutenhaltige Lebensmittel weggelassen hatten. Auch das finde ich beeindruckend.

Welche Behandlungsansätze gibt es?

Da es nicht die eine Ursache für RA gibt, gibt es auch nicht nur eine einzige Behandlungsform. Du kannst mehrere Anwendungen kombinieren.

Eine Ernährungsumstellung mit neuen Lebensmitteln und Rezepten ist die Basis, die dir das Handwerkzeug gibt, selbst etwas für deine Gesundheit zu tun. Ich möchte dich hier noch einmal ermutigen und darin bestärken, dich intensiv damit auseinanderzusetzen, um dir in dem Bereich eine solide Basis zu verschaffen und damit gut für dich zu sorgen. Denn alternative Behandlungsmethoden genauso wie schulmedizinische Behandlungen z. B. mit Methotrexat (8MTX9) oder Biologika kommen an ihre Grenzen, wenn wir nachlässig sind.

Obwohl ich selbst nie MTX oder Biologika genommen habe, möchte ich hier auch den schulmedizinischen Ansatz vorstellen. Ich habe bei vielen Teilnehmern meiner Seminare gesehen, dass ihnen die Behandlung wirklich hilft. Sie hätten sonst unerträgliche Schmerzen und könnten kein normales Leben führen, denn die schulmedizinische Therapie setzt auf Schmerzlinderung und das Stoppen der Gelenkveränderungen. Bei einer frühen Behandlung können die Symptome sogar vorrübergehend oder dauerhaft nachlassen. Das ist natürlich ein guter Grund für eine Behandlung mit modernen Rheumamedikamenten. Doch habe ich auch Teilnehmer in meinen Gruppen, die unter den Nebenwirkungen leiden und dadurch neue gesundheitliche Probleme entwickelt haben.

Trotzdem: Wenn dir der schulmedizinische Ansatz zusagt und du einen guten Arzt hast, dem du vertraust, spricht nichts dagegen. Natürlich entlässt dich die Behandlung mit Medikamenten nicht aus der Verantwortung für dich selbst. Du solltest dich trotzdem fragen, was du selbst zu einer Besserung beitragen kannst, und dich nicht einfach so deinem Schicksal überlassen. Wenn du z. B. begleitend einen entzündungshemmenden Lebensstil pflegst, d. h. auf deine Ernährung und auch auf dein seelisches Gleichgewicht achtest, kann das ganz sicher nicht schaden, sondern viel mehr nutzen. Möglicherweise können dann deine Medikamente auch relativ niedrig dosiert werden, nach dem Motto: »So viel wie nötig, so wenig wie möglich«.

Weitere Behandlungsformen: Neuraltherapie (Seite 160), Shiatsu (Seite 159), Tuina, Kräutertherapie (Seite 161), Akupunktur (Seite 159), Psychotherapie (Seite 161), Yoga (Seite 167), Kohlwickel (Seite 156), Abbürsten des Körpers (Seite 154), Ingwerfußbad (Seite 155)

Spezielle Zubereitungen: Misosuppe (Seite 65), Kombubrühe (Seite 134), Gerstensuppe (Seite 135) oder -eintopf, Reis mit Hatomugi, Reiscongee (Seite 135), Hirseporridge (Seite 60) und alle anderen Gerichte mit Hirse, grünes Gemüse blanchiert

Lebensmittel, die bei RA helfen können

Kombu-Algen lösen Schwellungen, wirken ausleitend und entzündungshemmend
Hato Mugi (Perlgerste) hilft, tierische Proteine auszuscheiden
Gerstentee (Seite 151) reguliert den Fettsäurestoffwechsel
Gekochter oder gebackener Rettich hilft bei der Fettverdauung und reinigt das Blut
Kohl kann Schmerzen lindern, innerlich und äußerlich
Grünes Gemüse, am besten jeden Tag wirkt entzündungshemmend und entgiftend
Shiitakepilze helfen, »altes« Salz auszuscheiden
Hirse (Seite 127) wirkt basisch und stärkt die Verdauungsorgane
Azukibohnen stärken die Nieren und leiten Feuchtigkeit aus

oder gedämpft, gebackenes Gemüse, Rettichgetränk, basisches Gemüsegetränk (Seite 151)

Bewegung, die helfen kann: Tanzen, Spazierengehen, Schwimmen, Fahrradfahren, Qi Gong (Seite 167), Tai Chi

Das tut der Seele gut: Verschiedene Therapieformen (Seite 161)

Was ist Gicht?

Bei Menschen, die Gicht haben, ist der Harnsäurewert im Blut chronisch erhöht, weil der Harnstoffwechsel gestört ist. Meistens leiden Gichtpatienten unter einer angeborenen Stoffwechselstörung d.h., die Nieren können nicht genug Harnsäure ausscheiden. Diese Art der Stoffwechselstörung wird erst später im Leben eines Menschen auffällig, wenn sich zu viel Harnsäure im Körper angesammelt hat. Betroffen von Gicht sind überwiegend Männer.

Auslöser kann zu üppiges Essen mit Alkohol, Bier, Spargel oder rotem Fleisch sein. Das führt zu heftigsten Schmerzen meist im großen Zeh oder auch in den Fingern oder Knien.

Ein Gichtanfall tritt meist nachts auf und fühlt sich an wie kleine Scherben, die das Gelenk reizen. Und so ist es auch: Kleine Harnsäurekristalle, die sich im Blut bilden, machen sich schmerzhaft in den Gelenken bemerkbar.

Harnsäure bildet sich bei der Verstoffwechslung von Purinen, durchschnittlich etwa 350 mg Harnstoff pro Tag. Überschüssige Harnsäure wird, wenn alles normal verläuft, über den Urin ausgeschieden. Ist die Ausscheidung jedoch gestört, lagert sich die Harnsäure im Gewebe ab, z.B. in Finger- und Zehengelenken und in der Niere. 1 mg Purin wird in etwa zu 2,4 mg Harnsäure verstoffwechselt. Die Obergrenze für Harnsäure im Blut liegt bei 6,4 mg/dl. Liegt der Wert nur leicht darüber, ist das schon gefährlich, weil zu viel Harnsäure Schlaganfall, Herzinfarkt, Nierensteine und Nierenversagen auslösen kann, wenn keine Therapie erfolgt. Gicht muss also unbedingt behandelt werden!

Was hilft bei Gicht?

Purine, die Hauptverursacher von Gichtanfällen sind, sind vor allem in Wurst, Fleisch, Fisch, Krustentieren und Innereien enthalten. Bei Fisch und Fleisch ist die Purinkonzentration vor allem in der Haut hoch. Mit einer purinarmen Ernährung, langsamer Gewichtsreduzierung und Bewegung kannst du deinen Harnsäurespiegel wieder auf ein normales und gesundes Maß bringen. Dazu musst du deine Purinzufuhr kontrollieren. Mehr als 200 mg Purin pro Tag sind für Menschen, die zu Gichtanfällen neigen, ungünstig. Eine Berechnung des Puringehalts findest du unter www.gichtliga.de.

Harntreibende oder harnsäuresenkende Medikamente werden erst eingesetzt, wenn durch eine Ernährungsumstellung kaum Besserung eintritt.

Wenn du abnehmen möchtest, verzichte bitte auf radikale Kuren, bei denen Körperfett und Muskelmasse zu schnell abgebaut werden, weil dabei Ketonkörper entstehen, die die Harnsäureausscheidung behindern können. Empfohlen wird eine Gewichtsabnahme von 1–2 kg pro Monat.

Nimm reichlich Flüssigkeit zu dir, mindestens zwei Liter gleichmäßig über den Tag verteilt. Das regt die Ausscheidung von Harnsäure an. Alkohol hemmt die Ausscheidung von Harnsäure. Deshalb solltest du auf alkoholische Getränke unbedingt verzichten, vor allem auf Bier und Spirituosen. Alkohol kann auch einen akuten Gichtanfall auslösen. Auch Bewegung hilft, den Harnsäurespiegel zu senken.

Lebensmittel, die du meiden solltest:

- fettes Fleisch wie Hühnerbein mit Haut, Ente, Schweinefleisch, Haxe, Gans
- Innereien
- Fisch wie Anchovis, Sardinen, Sardellen, Sprotten, Matjesfilets
- Meeresfrüchte
- Spargel

Lebensmittel, die du in kleinen Mengen zu dir nehmen darfst:

- Fisch ohne Haut wie Hering, Kabeljau, Lachs, Karpfen, Heilbutt, 2-mal die Woche max. 125 g
- Hühnerfleisch ohne Haut, 2-mal die Woche maximal 125 g
- fettarme Käsesorten (bis 45 % Fett)

Besonders purinarme Lebensmittel:

- Milch, Buttermilch und Joghurt
- Eier
- Getreide

Nahrungsergänzungsmittel:

- Schüßlersalze Nr. 9 Natrium phosphoricum D6 und Nr. 11 Silicea D12
- Gerstengraspulver zur regelmäßigen Einnahme
- Basenpulverkur: Empfehlenswert ist die Urbase. Davon 1 Löffel jeden Morgen mit abgekochtem Wasser und 1 Spritzer Zitronensaft verrühren und trinken. Täglich wiederholen, bis die Packung leer ist. Zweimal im Jahr anwenden.

Gicht aus Sicht der Traditionellen Chinesischen Medizin

Die Traditionelle chinesische Medizin (TCM) sieht den Gichtanfall als eine Leberstörung. Dies wird an der Dynamik des Geschehens deutlich: dem plötzliche Auftreten eines Gichtanfalls, dem schnellen Verlauf, der mit starken Schmerzen verbunden ist. Noch dazu treten Gichtanfälle vor allem nachts oder in den frühen Morgenstunden auf. In der Nacht, genauer gesagt zwischen 1 und 3 Uhr, hat die Leber ihre Maximalzeit (Seite 17). Auch die Lokalisation der betroffenen Stellen, wie der große Zeh, der Knöchel und das Knie deuten darauf hin, dass es sich um Lebersymptome handelt, weil genau dort der Leber-Meridian verläuft. Die TCM spricht hier von einer Nässe-/Hitze-Fülle in der Leber, die durch zu üppiges Essen, tierische Lebensmittel und vor allem durch zu fettige Nahrung, Süßem und Alkohol entsteht. Die Hitze in der Leber wird durch zu viel Stress, Frustration, Ärger oder Zorn, die über einen längeren Zeitraum anhalten, noch begünstigt.

Die Ernährungsempfehlungen der TCM decken sich mit den Empfehlungen der westlichen Medizin. Einige TCM-Therapeuten empfehlen allerdings, für zwölf Tage bis drei Wochen komplett auf tierische Lebensmittel zu verzichten. Dann kannst du z. B. mit Tempeh (Seite 55) kochen.

Nach der Phase ohne tierische Produkte kannst du im nächsten Schritt weißfleischigen Fisch wie Kabeljau und Seelachs ohne Haut in deinen Speiseplan aufnehmen. Wenn das gut funktioniert, nimm Eier hinzu. Iss außerdem regelmäßig kleine Mengen Meeresalgen, 1 EL pro Tag reicht. Meeresalgen kannst du gut für drei Tage im Voraus kochen.

Auch Hülsenfrüchte kannst du in kleinen Mengen essen. Mungobohnen, Kichererbsen und Azukibohnen sind besonders zu empfehlen, weil sie nierenstärkend sind. Getrocknete Hülsenfrüchte haben zwar einen relativ hohen Puringehalt, durch ihr Quellvermögen beim Kochen relativiert sich jedoch die Purinaufnahme. Du müsstest schon sehr viel zubereitete Hülsenfrüchte essen, damit sich dein Harnsäurespiegel deutlich erhöht. Koche die Bohnen mit viel Gemüse und wenn möglich mit einer Kombu-Alge, denn Kombu-Algen wirken basisch und ausleitend.

Um den Puringehalt noch mehr zu verringern, kannst du die Bohnen – egal, ob Kichererbse, Azuki-, schwarze oder weiße Bohne – kurz ankeimen und dann kochen. Informationen zum Keimen findest du unter https://www.gartenjournal.net/kichererbsen-keimen

Vorsicht bei Fruktose

Fruktose wird seit vielen Jahren als Süßungsmittel eingesetzt, weil sie billiger als Haushaltszucker ist. Allerdings hat Fruktose einen ähnlichen Effekt wie Alkohol, sie hemmt nämlich den Abbau von Harnsäure. Deshalb solltest du Fruktose genauso meiden wie Haushaltszucker. Fruktose findest du in gesüßten Milchprodukten, z. B. Fruchtjoghurt, und in Getränken, z. B. Multivitaminsäften und Limonaden.

Was ist Arthrose?

Arthrose ist die häufigste aller Gelenkkrankheiten und wird zu den degenerativen Erkrankungen des Bewegungsapparates gezählt. Degenerativ deshalb, weil die Gewebestrukturen im Bewegungs- und Halteapparat abgebaut werden, sich verhärten, sich deformieren und unelastisch werden. Betroffen sind meist Hüfte, Knie, Hände, Zehen, die Hals- und Lendenwirbelsäule. Arthrose verursacht Schmerzen, vor allem, wenn das Gelenk aus der Ruhe heraus belastet wird. Dann schmerzt es häufig anfänglich, wird aber mit fortlaufender Bewegung besser. Arthrotisch veränderte Gelenke können sich entzünden.

Mögliche Ursachen von Arthrose

Bei der Entstehung von Arthrose spielt die Gewebebeschaffenheit eine große Rolle. Sie ist abhängig von der Zirkulation und Qualität des Blutes und der Lymphe. Sind diese ernährungsphysiologisch in einem schlechten Zustand, kann Arthrose entstehen. Die Naturheilmedizin bezeichnet dies als Übersäuerung.

In der Traditionellen Chinesischen Medizin werden Blut und Lymphe als »Säfte« bezeichnet – und da finden wir auch den Ansatz für die Therapie. Die Gelenkumgebung, d. h. das Bindegewebe, muss durch die Ernährung und auch durch Bewegung versorgt werden, während gleichzeitig andere Substanzen ausgeleitet werden müssen. Das Krankheitsbild der Arthrose zeigt, dass dies nicht mehr im richtigen Maße passiert.

Welche Behandlungsansätze gibt es?

Um diesen Vorgang wieder zu aktivieren, kommen in der Traditionellen Chinesischen Medizin verschiedene äußere Verfahren wie das Schröpfen und die Behandlung mit Blutegeln zum Einsatz. Außerdem werden innere Anwendungen mit Kräuterrezepturen und bestimmte Lebensmittel empfohlen, die auf die Ernährung der »Säfte« und auf die Zirkulation einwirken.

In der ganzheitlichen Therapie wird auch ein Zusammenhang zwischen der Darmfunktion und dem Zustand von Knochen, Muskeln und Gelenken gesehen und mit Kräuterrezepturen behandelt. Hinzu kommen individuelle Ernährungsempfehlungen und eine Bewegungstherapie, die dazu dient, den Aufbau der Muskelspannung und den Spannungsfluss zu regulieren. Einseitige Bewegungen sollten vermieden werden. Eine Operation ist in der ganzheitlichen Medizin immer das letzte Mittel.

Die wichtigsten Anwendungen bei Arthrose: Ernährungsumstellung auf überwiegend pflanzliche Nahrung, Chinesische Kräutertherapie (Seite 161), Akupunktur (Seite 159), Shiatsu (Seite 159), Fußreflexzonen-Massage, Kohlwickel (Seite 156) (sehr wirkungsvoll), Moxa (Wärmebehandlung mit Kräutern), Yoga (Seite 167), klassische Krankengymnastik, Physiotherapie, Qi Gong (Seite 167), Tai Chi

Ernährung bei Arthrose

Wenn bei dir Arthrose diagnostiziert wurde, solltest du, ähnlich wie Menschen mit rheumatoider Arthritis, überwiegend pflanzliche Lebensmittel zu dir nehmen. Für Abwechslung auf dem Teller sorgt zweimal in der Woche Fisch. Iss möglichst selten Fleisch, und wenn, dann kombiniert mit viel Gemüse. Empfehlenswert ist in diesem Fall grünes Gemüse wie Grünkohl, Spitzkohl oder Wirsing, weil es ausleitend und entzündungshemmend wirkt. Iss am besten überwiegend gekochtes Essen. Auch am Abend ist ein leichtes gekochtes Abendessen, z. B. eine Suppe mit Gemüse, Fisch oder Bohnen, viel besser als eine Brotmahlzeit.

Empfehlenswerte Lebensmittel: Hülsenfrüchte, fetter Fisch (z. B. Lachs, Sardelle, Hering, Makrele, zweimal wöchentlich), Tempeh (Seite 55), Nüsse und Samen, Gemüse (besonders chlorophyllreiches), Shiitakepilze, Meeresalgen, Sauerkraut, Sprossen, Kurkuma, Meeresalgen, Misosuppe (Seite 65), Hirse, Reis, Gerste, Hato Mugi als Tee

Lebensmittel, die du meiden solltest: Wurst, Fleisch (besonders Schweinefleisch), Geräuchertes, Zucker, Fertiggerichte

Lebensmittel, die du nur in kleineren Mengen zu dir nehmen solltest: Eier, Brotmahlzeiten, Milchprodukte, Nachtschattengewächse

Gute Nahrungsergänzungsmittel: Gerstengras, Braunhirse

Was tun gegen die Nebenwirkungen von Medikamenten?

Mit Medikamenten möchten wir eigentlich nur unsere Schmerzen lindern, müssen aber damit zurechtkommen, dass Medikamente nicht nur lokal wirken, sondern z. B. auch auf Leber, Nieren, Magen, Darm und Blut.

Ich selbst habe vor einigen Jahren über acht Monate Kortison genommen. Mein Magen und mein Darm kamen damit überhaupt nicht zurecht, was sich mit unangenehmen Verdauungsproblemen bemerkbar machte. Außerdem wuchs mein Appetit ins Unermessliche. Obwohl ich vorher ziemlich wählerisch war, was mein Essen anging, schmeckte mir mit einem Mal alles. Das hatte zur Folge, dass ich gut an Gewicht zulegte. Die Verdauungsprobleme zwangen mich letztendlich, mit Kortison aufzuhören.

So kannst du regelmäßige Medikamenteneinnahmen ausgleichen bzw. erträglicher machen:

- viel trinken, am besten abgekochtes Wasser
- jeden Tag eine Misosuppe (Seite 65) essen
- Gemüsegetränk (Seite 151) trinken
- jeden Tag blanchiertes grünes Gemüse essen, vor allem die dunkleren Sorten, z. B. Grünkohl (Seite 116)
- regelmäßig kleine Mengen Knoblauch-Pickles (Seite 125) zu dir nehmen
- Shio-Kombu in kleinen Mengen essen
- dein Essen täglich mit Gomasio (Sesamsalz, s. u.) würzen
- Kuzugetränk (Seite 137) ist hilfreich, wenn du Darmprobleme hast.

Gomasio – Sesamsalz

Aus 1 gestr. EL Salz und 24 EL Sesam kannst du dir ein Würzmittel herstellen, dass Säuren im Blut neutralisiert und den Organismus stärkt.

- Salz in einer Pfanne ohne Fett rösten, bis es leicht grau aussieht. In einen Suribachi (Tontopf mit Rillen, Bezugsquelle im Serviceteil, S. 178) oder in eine Schüssel geben.
- Sesam waschen und in einem Haarsieb gut abtropfen lassen. In einer heißen Pfanne ohne Öl unter Rühren trocken rösten, bis die Körner leicht braun werden. Der Sesam ist fertig, wenn du ihn zwischen zwei Fingern langsam zerreiben kannst. Achte darauf, ihn nicht zu dunkel zu rösten. Er schmeckt dann bitter.
- Sesam zum Salz geben, mischen und mit einem Mörser verreiben. 80 % der Mischung sollten verrieben werden. Ein Esslöffel Gomasio ein- oder zweimal am Tag reicht.

Stimmen aus meinen Seminaren

Heike R., Sachbearbeiterin *Vielen Dank für dein tolles Seminar. Die Kombination aus Theorie – speziell für Rheumatiker – und dem gemeinsamen Kochen und Essen der Gerichte hat mich sehr überzeugt. Ich habe abends nach dem Kochkurs schon eine Wirkung verspürt und am nächsten Abend waren meine akuten Schmerzen im Handgelenk verschwunden. Nun bleibe ich am Ball bzw. am Kochtopf und bin gespannt, wohin sich meine chronischen Schmerzen entwickeln.*

Petra W., Rentnerin *Das Ernährungsseminar hat mir sehr gut gefallen. Ich habe viele hilfreiche Tipps zum Thema Rheuma und Ernährung erhalten. Vielen Dank dafür! Einige deiner Rezeptvorschläge habe ich gleich zu Hause nachgekocht. Ich werde versuchen, das »warme« Essen und Trinken in meinen Alltag einzubauen, denn ich spüre jetzt schon, dass es mir besser bekommt.*

Jessica R., Diplom-Pädagogin *Mir hat dein Kurs sehr gut gefallen. Ich wurde auf meinem Weg, den ich gehe, bestärkt. Toll fand ich den Austausch mit den anderen Teilnehmenden. Vor allem, da ich mich bislang immer gescheut habe, Rheumagruppen oder Ähnliches zu besuchen, weil ich gar nicht sehen und hören wollte, welches Leid die Krankheit eventuell eines Tages mit sich bringen könnte. Im Workshop waren aber Menschen, die so denken wie ich, die nach Alternativen suchen und sich ihrem Leid nicht einfach hingeben. Und im Nachhinein tat es dann sehr gut, doch mal mit Menschen zu sprechen, die wirklich nachvollziehen können, wie es sich anfühlt, die Diagnose zu bekommen und die die Auswirkungen der Krankheit und die Nebenwirkungen der Medikamente wie ich am eigenen Leib erfahren haben.*

Ina Z., IT-Sachbearbeiterin *Das Seminar hat mir sehr gut gefallen. Ich habe viele wertvolle Tipps erhalten. Besonders glücklich bin ich über die tollen Rezepte, die sich wirklich schnell zubereiten lassen und total lecker sind. Das finde ich sehr wichtig, denn der Alltag ist schon hektisch genug. Das Porridge und die Misosuppe habe ich bereits nachgekocht. Der Austausch mit den anderen Teilnehmern hat mir neue Energie gegeben. Ein großes Dankeschön, Mouni. Du warst wirklich klasse. Ich bin froh, dass ich den Kurs besucht habe.*

Laura W., Studentin *Es war ein inspirierender und spannender Tag, von dem ich viel mitnehmen konnte. Neben deinen leckeren Rezepten und dem tollen Austausch mit den Teilnehmerinnen, hast du mir auch ganz viel neue Kraft für meinen Weg gegeben. Ich danke dir für deine gute Energie und dein Engagement!*

Service

Interessante Internetadressen

Arthrose http://www.arthrose-tcm.de/

Arachidonsäure www.fid-gesundheitswissen.de/innere-medizin/rheuma/so-viel-arachidonsaeure-finden-sie-in-verschiedenen-lebensmitteln/

Eigenblutbehandlung www.fid-gesundheitswissen.de/naturheilkunde/eigenbluttherapie/

Gicht www.gichtliga.de

Nachtschattengewächse www.makrobiotikschweiz.ch/gesundheit/nachtschattengew.html

www.foodfibel.de/blog/kartoffel-tomate-ersetzen/

www.paleo360.de/gesunde-ernaehrung/nachtschattengewaechse-tun-bei-problemen-mit-tomate-co/

www.ernaehrungsberatung-wien.at/blog/tomaten-und-ihre-wirkung-nach-tcm

Neuraltherapie gesundheitsratgeber-gicht.de/buch/neuraltherapie.htm

Psychotherapie www.gestalttherapie.de/informationen/gestalttherapie.htm

www.biografiearbeit.org/biografiearbeit/

www.btd-tanztherapie.de/

www.psychotherapie-holper.at/traumatherapie/

Salz www.mdc-berlin.de/de/news/archive/2013/20130305-gemeinsame_pressemitteilung_des_max-delbr_

Tibetisches Heilyoga – Lu Jong www.lu-jong.at/index.html

Weihrauch www.weihrauch-ratgeber.de/dosierung-und-einnahme.html

Zum Weiterlesen und einige Quellen

Bihlmaier, S.: Tomatenrot & Drachengrün. 3. Auflage. Hädecke, 2014

Blum, S.: Autoimmunerkrankungen erfolgreich behandeln. VAK Verlags-GmbH, 2013

Blum, S.: Arthritis heilen. VAK Verlags-GmbH, 2017

Collier, R.: Milchallergie – die unterschätzte Gefahr. Norbert Messing, 1997

Kushi, A.; Jack, A; Kushi, M.: Aveline Kushi's großes Buch der makrobiotischen Ernährung. Ost-West-Verlag, 2018

Muramoto, Noboru B.: Natürliche Immunität: Einblick in die Zusammenhänge zwischen Ernährung und Aids. Mahajiva, 1993

Pitchford, P.: Healing with Whole Foods, Asian Traditions and Modern Nutrition. 3. Auflage. North Atlantic Books, 2002

Zaunfuchs, S. A.: 22 Liebesgeschichten zur Achtsamkeit: Plädoyer für eine achtsame Lebensführung. Erschienen im Selbstverlag, 2018

Bezugshinweis

Du bekommst die Lebensmittel und besonderen Produkte wie Kuzu, Sojasauce, Agar-Agar überwiegend im Bio-Supermarkt oder im Reformhaus. Solltest du es dir einfach machen wollen oder du hast keines dieser Geschäfte in deiner Nähe, kannst du sie dir auch ganz bequem nach Hause schicken lassen. www.makrobiotik.com

Hier erhältst du auch den Surbachi (Tontopf mit Rillen), den du z. B. gut zur Herstellung von Gomasio (Sesamsalz, Seite 176) verwenden kannst.

Danksagung

Ganz besonders bedanke ich mich bei meinem Mann Jens, der mich durch die Höhen und Tiefen in meinem Leben – vor allem auch in der Krankheitsphase – liebevoll begleitet hat.

Ganz herzlichen Dank an meinen Business-Coach Jan Schleifer, der mich ermutigt hat, dieses Buch zu schreiben.

Danke an meine Freundinnen, die an mich glauben, mich immer wieder aufgerichtet haben, wenn ich nicht mehr konnte, und miterlebt haben, wie ich reingehauen habe.

Ein Dankeschön auch meinen Eltern, weil sie mich mit wichtigen Talenten ausgestattet haben, die dieses Buch überhaupt erst möglich gemacht haben, und weil sie stolz auf mich sind.

Zu guter Letzt möchte ich hier auch noch meine sechs Geschwister dankend erwähnen, die hinter mir stehen und deren verrückter Humor mich immer begleitet, egal, was ich mache. Besondere Unterstützung habe ich durch meine Schwester Ingrid erfahren. Danke.

Rezept- und Zutatenverzeichnis

Liebe Leserin, lieber Leser,

hat Ihnen dieses Buch weitergeholfen? Für Anregungen, Kritik, aber auch für Lob sind wir offen. So können wir in Zukunft noch besser auf Ihre Wünsche eingehen. Schreiben Sie uns, denn Ihre Meinung zählt!

Ihr TRIAS Verlag

E-Mail-Leserservice
kundenservice@trias-verlag.de

Lektorat TRIAS Verlag
Postfach 30 05 04
70445 Stuttgart
Fax: 0711 89 31-748

Sachverzeichnis

Bibliografische Information der Deutschen Nationalbibliothek
Die Deutsche Nationalbibliothek verzeichnet diese Publikation in der Deutschen Nationalbibliografie; detaillierte bibliografische Daten sind im Internet über http://dnb.d-nb.de abrufbar.

Programmplanung: Uta Spieldiener
Projektmanagement: Anja Bippus
Redaktion: Ursula Brunn-Steiner, Vaihingen an der Enz
Bildredaktion: Christoph Frick

Umschlaggestaltung und Layout:
CYCLUS · Visuelle Kommunikation, Stuttgart

Bildnachweis:
Umschlagmotiv und Bild S. 3: © CYCLUS · Visuelle Kommunikation, Stuttgart unter Verwendung von: Porträt © Eleftherios Toptsidis, Lebensmittel © Meike Bergmann, Hintergrund © jessicahyde/stock.adobe.com
Fotos im Innenteil: Eleftherios Toptsidis
Alle Rezeptfotos: Meike Bergmann, Berlin
Zeichnungen: Grafikbüro Schaaf, Karlsruhe

1. Auflage 2019

Printed in Germany

Satz und Repro: Fotosatz Buck, Kumhausen
Gesetzt in Adobe InDesign CS6
Druck: Westermann Druck Zwickau GmbH, Zwickau

Gedruckt auf chlorfrei gebleichtem Papier

ISBN 978-3-432-10792-9 1 2 3 4 5 6

Auch erhältlich als E-Book:
eISBN (ePub) 978-3-432-10793-6

Wichtiger Hinweis: Wie jede Wissenschaft ist die Medizin ständigen Entwicklungen unterworfen. Forschung und klinische Erfahrung erweitern unsere Erkenntnisse. Ganz besonders gilt das für die Behandlung und die medikamentöse Therapie. Bei allen in diesem Werk erwähnten Dosierungen oder Applikationen, bei Rezepten und Übungsanleitungen, bei Empfehlungen und Tipps dürfen Sie darauf vertrauen: Autoren, Herausgeber und Verlag haben große Sorgfalt darauf verwandt, dass diese Angaben dem Wissensstand bei Fertigstellung des Werkes entsprechen. Rezepte werden gekocht und ausprobiert. Übungen und Übungsreihen haben sich in der Praxis erfolgreich bewährt.

Eine Garantie kann jedoch nicht übernommen werden. Eine Haftung des Autors, des Verlags oder seiner Beauftragten für Personen-, Sach- oder Vermögensschäden ist ausgeschlossen.

Geschützte Warennamen (Warenzeichen®) werden nicht besonders kenntlich gemacht. Aus dem Fehlen eines solchen Hinweises kann also nicht geschlossen werden, dass es sich um einen freien Warennamen handelt.